高校实验室
安全教育

● 阳富强 主编 ● 余龙星 葛樊亮 副主编

化学工业出版社

·北京·

内容简介

实验室是高校开展日常教学与科学研究的重要基地，实验室安全是各项教研活动顺利实施的基本保障。《高校实验室安全教育》作为高校实验室安全教育通识课程的教材，内容涵盖实验室危险化学品安全、实验室消防安全、实验室电气安全、实验室仪器设备操作安全、实验室生物与辐射安全、实验室人员健康安全、实验室安全事故应急处置等内容。本书依据理工科院校办学实际进行编写，具有内容全面、结构清晰、通俗易懂、专项突出等特点。

《高校实验室安全教育》可作为介绍高校实验室安全知识的教材，也可作为科研人员和实验室管理人员参考用书。

图书在版编目（CIP）数据

高校实验室安全教育/阳富强主编；余龙星，葛樊亮副主编．—北京：化学工业出版社，2023.12（2025.3重印）
ISBN 978-7-122-44618-3

Ⅰ.①高… Ⅱ.①阳…②余…③葛… Ⅲ.①高等学校-实验室管理-安全管理 Ⅳ.①G642.423

中国国家版本馆CIP数据核字（2023）第228634号

责任编辑：高　震　　　　装帧设计：韩　飞
责任校对：宋　玮

出版发行：化学工业出版社
　　　　　（北京市东城区青年湖南街13号　邮政编码100011）
印　　装：北京云浩印刷有限责任公司
710mm×1000mm　1/16　印张13½　字数251千字
2025年3月北京第1版第4次印刷

购书咨询：010-64518888　　　售后服务：010-64518899
网　　址：http://www.cip.com.cn
凡购买本书，如有缺损质量问题，本社销售中心负责调换。

定　　价：48.00元　　　　　　　　版权所有　违者必究

前　言

党的二十大报告提出，要深入实施科教兴国战略、人才强国战略、创新驱动发展战略。高等院校作为重要的教学、科研场所，承担着人才培养、科技创新的关键任务。近年来，随着高校创新能力提升计划的不断推进，高校实验室建设力度逐渐加大，实验室开放共享程度显著提高。教育部多次强调，大中小学校要深入推进安全教育课程化、体系化建设，进一步提高广大师生的安全意识和能力。为切实提高高校实验室安全管理能力和水平，保障校园和谐稳定和师生生命安全，高校必须构建科学长效的实验室安全教育体系，切实提升实验室安全管理水平与教育能效，营造安全和谐的教学、科研环境。作为国家"双一流"建设高校，福州大学是一所以工为主、理工结合，理、工、经、管、文、法、艺等多学科协调发展的重点大学。自2012年开始，福州大学连续多年面向全校本科生开设"大学生安全文化""实验室安全与环保"等通识教育选修课，并编写了高校实验室安全相关讲义，取得了很好的效果。随着学校"双一流"建设和"四新"建设的不断推进，有必要结合理工科院校学科及专业特色，编写相应的安全教育通识类特色教材，进一步加强大学生安全文化素质教育。

《高校实验室安全教育》一书是展示"大学生实验安全教育"通识课程教学内容和教学方法的知识载体，也是培养高素质创新人才的重要保证。本书紧紧围绕提升大学生安全素养这一目标，结合福州大学学科专业分布特点，设置多个知识模块，涵盖实验安全通识教育、实验室安全专业知识、实验室安全与应急管理等内容。全书共分8章，主要包括：绪论、实验室危险化学品安全、实验室消防安全、实验室电气安全、仪器设备操作安全、实验室生物与辐射安全、实验室人员健康安全、实验室安全事故应急处置等。

本书由阳富强主编，余龙星、葛樊亮副主编，阳富强对全书进行统稿，并负责第1、8章及附录的编写；余龙星负责第2、4、6章的编写；葛樊亮负责第3、5、7章的编写。李鑫、陈星霖、胡涛、赵家乐、李施怡、杨文家、张豫闽、王艺钦等也参加了编写工作。

本书参考了多部国内外实验室安全教育教材、实验室安全标准规范。在编写过程中，还得到福州大学本科规划教材立项，在此表示感谢。

本书力求以简明的语言和图文并茂的形式介绍高校实验室安全理论与操作技能等安全知识。但是，实验室安全知识涉及面广、专业性强，限于编者水平，书中疏漏及不足之处在所难免，敬请读者批评指正。

主编

2023 年 9 月 10 日

目 录

第 1 章　绪论　1
1.1　高校实验室安全的重要性　1
1.2　实验室常见事故类型　2
1.2.1　火灾　3
1.2.2　爆炸　4
1.2.3　中毒窒息　5
1.2.4　触电　5
1.2.5　生物暴露　6
1.2.6　辐射危害　6
1.3　实验室事故原因分析　6

第 2 章　实验室危险化学品安全　9
2.1　危险化学品分类及危害　9
2.1.1　危险化学品分类　9
2.1.2　危险化学品危害　10
2.2　实验室常见危险化学品　13
2.2.1　爆炸品　13
2.2.2　气体危险品　14
2.2.3　易燃液体　16
2.2.4　易燃固体、易于自燃的物质和遇水放出易燃气体的物质　18
2.2.5　氧化性物质和有机过氧化剂　20
2.2.6　毒性物质　21
2.2.7　放射性物质　23

2.2.8　腐蚀性物质 ……………………………………………… 23
　　2.2.9　杂项危险物质和物品 …………………………………… 25
2.3　危险化学品安全管理 …………………………………………… 25
　　2.3.1　化学试剂标签 …………………………………………… 25
　　2.3.2　化学安全说明书 ………………………………………… 28
　　2.3.3　化学性废物分类与处置 ………………………………… 29
2.4　危险化学品的个人防护与危险控制 …………………………… 33
　　2.4.1　危险化学品的个人防护 ………………………………… 33
　　2.4.2　危险化学品的危害控制 ………………………………… 35

第3章　实验室消防安全 …………………………………………… 37

3.1　实验楼消防设施与消防安全标志 ……………………………… 37
　　3.1.1　实验楼消防设施 ………………………………………… 37
　　3.1.2　消防安全标志 …………………………………………… 42
3.2　实验室防火防爆 ………………………………………………… 44
　　3.2.1　实验室常见火灾爆炸事故原因 ………………………… 44
　　3.2.2　实验室火灾爆炸事故预防措施 ………………………… 46
3.3　灭火常识与技术 ………………………………………………… 50
　　3.3.1　灭火的基本方法 ………………………………………… 50
　　3.3.2　灭火器的选择、使用和保养 …………………………… 51
3.4　消防安全疏散与自救逃生 ……………………………………… 56
　　3.4.1　实验室安全疏散 ………………………………………… 56
　　3.4.2　自救逃生与火场救人 …………………………………… 58

第4章　实验室电气安全 …………………………………………… 60

4.1　电气安全事故类型与危害 ……………………………………… 60
　　4.1.1　触电事故 ………………………………………………… 60
　　4.1.2　电气火灾与爆炸事故 …………………………………… 63
　　4.1.3　静电和雷电的危害 ……………………………………… 63
　　4.1.4　电磁场的危害 …………………………………………… 64

4.2 用电管理规范与标准 ———————————————————— 65
　　4.2.1 实验室安全用电常识 —————————————— 65
　　4.2.2 实验室安全用电管理规范 ———————————— 68
　　4.2.3 实验室可用电气设备的国家标准 ————————— 69
4.3 电气安全事故预防措施 ————————————————— 70
　　4.3.1 触电事故的预防措施 —————————————— 70
　　4.3.2 实验室电气火灾与爆炸预防措施 ————————— 71
　　4.3.3 静电预防措施 ————————————————— 72
　　4.3.4 雷电预防措施 ————————————————— 75
　　4.3.5 实验室常用电气设备的防火措施 ————————— 76

第 5 章　仪器设备操作安全 ———————————————— 80

5.1 玻璃仪器使用安全 ——————————————————— 80
　　5.1.1 玻璃仪器安全使用通则 ————————————— 80
　　5.1.2 特殊玻璃仪器使用注意事项 ——————————— 81
5.2 高压类仪器设备使用安全 ———————————————— 83
　　5.2.1 高压钢瓶 ——————————————————— 84
　　5.2.2 高压釜 ———————————————————— 84
　　5.2.3 真空泵 ———————————————————— 85
5.3 高温类仪器设备使用安全 ———————————————— 86
　　5.3.1 箱式高温炉 —————————————————— 87
　　5.3.2 烘箱 ————————————————————— 87
　　5.3.3 马弗炉 ———————————————————— 88
　　5.3.4 加热浴 ———————————————————— 89
5.4 低温类仪器设备使用安全 ———————————————— 90
　　5.4.1 冷冻机 ———————————————————— 90
　　5.4.2 超低温冰箱 —————————————————— 91
　　5.4.3 低温液体容器 ————————————————— 93
5.5 高能高速类仪器设备使用安全 —————————————— 95
　　5.5.1 激光器 ———————————————————— 95

5.5.2 微波设备 ………………………………………… 95
　　5.5.3 X射线发生装置 …………………………………… 96
　　5.5.4 高速离心机 ………………………………………… 96
5.6 机械设备使用安全 ………………………………………… 97
　　5.6.1 数控车床 …………………………………………… 98
　　5.6.2 砂轮机 ……………………………………………… 100
　　5.6.3 三离子束切割仪 …………………………………… 102
　　5.6.4 万能材料试验机 …………………………………… 103
5.7 土木工程设备使用安全 …………………………………… 104
　　5.7.1 水泥净浆搅拌机 …………………………………… 104
　　5.7.2 水泥胶砂振实台 …………………………………… 105
　　5.7.3 水泥细度负压筛析仪 ……………………………… 105
　　5.7.4 混凝土贯入阻力测定仪 …………………………… 106
　　5.7.5 钢筋锈蚀测定仪 …………………………………… 107
5.8 贵重仪器设备使用安全 …………………………………… 107
　　5.8.1 气相色谱仪 ………………………………………… 107
　　5.8.2 质谱仪 ……………………………………………… 109
　　5.8.3 气相色谱-质谱联用仪 …………………………… 110
　　5.8.4 高效液相色谱仪 …………………………………… 111
　　5.8.5 场发射扫描电子显微镜 …………………………… 113

第6章 实验室生物与辐射安全 …………………………… 115

6.1 实验室生物安全防护设施 ………………………………… 115
　　6.1.1 生物安全实验室 …………………………………… 115
　　6.1.2 生物安全防护设施 ………………………………… 118
　　6.1.3 实验室生物安全标识 ……………………………… 120
6.2 实验室个人防护装备 ……………………………………… 129
　　6.2.1 个人防护的总体要求 ……………………………… 129
　　6.2.2 实验室个人防护的部位及其装备 ………………… 129
　　6.2.3 不同安全等级实验室的个人防护 ………………… 130

6.3　事故处理 ·· 132
　　　　6.3.1　菌（毒）外溢处理 ································ 133
　　　　6.3.2　皮肤刺伤（破损） ··································· 134
　　　　6.3.3　感染性物质的食入 ································ 134
　　　　6.3.4　潜在危害性气溶胶的意外释放 ··················· 135
　　　　6.3.5　容器破碎及感染性物质的溢出 ··················· 135
　　　　6.3.6　离心管发生破裂 ································ 135
　　6.4　放射性事故防范 ··· 136

第7章　实验室人员健康安全 ································ 139

　　7.1　实验室健康安全管理体系 ································ 139
　　　　7.1.1　职业健康安全管理体系概述 ····················· 140
　　　　7.1.2　高校实验室健康与安全的权利与责任 ············· 146
　　　　7.1.3　高校实验室健康与安全管理相关政策 ············· 148
　　7.2　实验室常见健康安全危害 ································ 149
　　　　7.2.1　化学类实验室常见健康安全危害 ················· 149
　　　　7.2.2　机电类实验室常见健康安全危害 ················· 151
　　　　7.2.3　生物类实验室常见健康安全危害 ················· 152
　　　　7.2.4　辐射类实验室常见健康安全危害 ················· 153
　　　　7.2.5　其他实验室常见健康安全危害 ··················· 153
　　7.3　实验室人员健康安全教育与管理 ························· 155
　　　　7.3.1　实验室人员安全教育 ··························· 155
　　　　7.3.2　实验室人员健康安全管理 ······················· 158

第8章　实验室安全事故应急处置 ······························ 163

　　8.1　实验室安全事故应急处置规范 ··························· 163
　　　　8.1.1　实验室安全事故应急处置流程 ··················· 163
　　　　8.1.2　应急通信 ······································ 165
　　　　8.1.3　实验室应急装备与设施 ························· 166
　　8.2　实验室各类伤害应急处置 ································ 173

        8.2.1 心肺复苏术 ———————————————— 173
        8.2.2 触电急救措施与方法 —————————————— 178
        8.2.3 机械性损伤或异物入眼的应急处理 ——————— 178
        8.2.4 烧烫伤及冻伤的应急处理 ————————————— 179
        8.2.5 化学灼伤及化学中毒的应急处理 ——————— 180
        8.2.6 化学泄漏的控制和处理 ————————————— 186
        8.2.7 生物安全事故的应急措施 ————————————— 189

附录 1 福州大学实验室安全管理办法 192

附录 2 福州大学实验室安全考试系统 199

附录 3 实验室建设与设备管理处 201

附录 4 福州大学福建省高校测试中心 203

附录 5 福州大学机电工程实践中心 205

第1章 绪论

高校实验室作为大学生基础实践教学和技能培训的主要场所，其安全性是确保学生人身安全和高质量教学的关键。本章介绍了火灾、爆炸、中毒窒息、触电、生物暴露和辐射危害等事故类型的特点。统计数据表明，火灾和爆炸是实验室最易发生的安全事故，同时也是最具破坏性和威胁性的安全事故。在此基础上，本章从人、物、环境和管理4个方面对安全事故发生的原因进行了分析与总结。

1.1 高校实验室安全的重要性

安全是国家稳定、社会发展、人民安康幸福的基石。党和国家一贯高度重视包括公共卫生、自然灾害、事故灾难、社会安全等突发事件的安全管理工作，明确提出了安全在经济建设和社会发展中的重要地位。党的二十大报告指出，"提高公共安全治理水平""坚持安全第一、预防为主，建立大安全大应急框架，完善公共安全体系，推动公共安全治理模式向事前预防转型"。教育部以总体国家安全观为统领，强调要推进安全教育课程化体系化建设，加强安全应急演练，进一步提高师生应急意识和能力。

高校实验室在日常教学和科学研究中发挥着重要作用，承担着培养人才和探索科学未知的使命。随着我国高等教育快速发展，在国家"双一流"学科建设等政策支持下，高校实验室软硬件建设也得到更新升级，在给高校实验室发展带来机遇的同时，也夹杂着风险挑战。诸如，实验室资源共享要求提高、实验室仪器设备趋向大型化、参与实验活动的师生人数增加、实验室教学科研任务日益繁重。表 1-1 统计了近年来国内高校部分实验室安全事故。

虽然高校实验室涉及学科领域众多、研究内容和方法丰富多样、安全规范侧重各有不同，但是却表现出了很多共同的特征：如大学生（含博士研究生、硕士研究生和本科生）等实验人员是高校实验室的主体，实验人员集中且流动性大；实验室使用频繁，存放大量贵重仪器设备和重要技术资料；实验室一般都存放种类繁多的化学药品，这些药品往往具有易燃易爆、有毒有害、有腐蚀等特性；部分实验要在高温、高压或者超低温、真空、强磁、微波、辐射、高电压和高转速等特殊条件下进行，部分实验还会产生有毒物质。实验人员在使用过程中的操作失误极可能引发实验室安全事故，不但会对仪器设备造成损坏，甚至还会对学生的生命安全产生严重危害，使个人、家庭、学校、社会和国家都会遭受重大损失。纵观各类实验室安全事故，绝大部分事故的直接原因是实验人员在实验过程中的不当操作，但本质原因都是人的安全意识淡薄以及安全知识和技能不足。

对于大学生来说，这种安全意识的淡薄以及安全技能的缺乏往往还容易使其在日常生活和工作中产生类似的安全事故。例如，学生宿舍违章使用电器导致火灾、野外实习操作不规范导致受伤等，影响极为严重。因此，在高校学生中开展实验室安全教育不仅是大学生思想政治教育和素质教育的重要内容，而且是保障人身安全、维护校园安全以及社会和谐稳定的重要措施。

1.2 实验室常见事故类型

高校实验室安全事故的类型可分为火灾、爆炸、中毒窒息、触电、生物暴露等。如图 1-1 所示，火灾和爆炸事故占总数的 82%。其中，火灾（46%）是高校实验室中最常见的事故。此外，辐射危害也经常发生在实验室中，但是这类危害通常不像火灾和爆炸事故急剧释放危险能量，因此往往被忽略。为了提高实验室安全水平，有必要了解常见的事故类型。

第1章 绪论

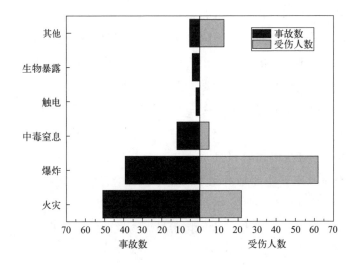

图 1-1 2000—2022 年高校实验室事故分布情况

1.2.1 火灾

火灾是在时间或空间上失去控制并对人身和财产造成危害的燃烧，它是一种安全事故。火灾从初起到熄灭，通常经历四个阶段，即初起阶段、发展阶段、猛烈燃烧阶段和熄灭阶段。

初起阶段。火灾初起阶段是火灾在起火部位燃烧的阶段。此时由于燃烧面积小，烟气流动速度缓慢，火焰辐射出的热能量少，周围物品和结构虽然开始受热，但温度上升不快。火灾初起阶段是灭火的最有利时机，如果能及时发现，用较少的人力和简易灭火器材就能将其扑灭。

发展阶段。由于燃烧的继续，起火点周围物品受热增加，温度呈上升趋势，并开始分解出可燃气体，火焰由局部向周围蔓延，热气对流加强，燃烧面积扩大，燃烧速度加快。在此阶段需要投入较多的人力和灭火器材才能将火扑灭。

猛烈燃烧阶段。猛烈燃烧阶段燃烧面积扩大到整个空间，产生大量的辐射热，空间温度急剧上升并达到最高点，在特定条件下，还会发生轰燃现象，几乎全部的可燃物品和结构都起火燃烧。此时，燃烧强度最大，热辐射最强，不可燃材料和结构的机械强度降低，以致发生变形倒塌。这个阶段不

3

仅需要很多的人力和灭火器材才能将火扑灭，而且还需要用相当多的力量保护起火建筑周围的建筑物，以防火势进一步蔓延。

熄灭阶段。熄灭阶段是火势被控制以后，可燃物数量逐渐减少，火场温度逐步下降，直至熄灭的过程。此阶段灭火活动需注意建筑物结构的倒塌，除保障灭火人员的人身安全，还要防止死灰复燃，应将残火彻底消灭。

在高校实验室事故案例中，火灾主要类型及直接原因有如下几点：

① 电气火灾，占实验室火灾的大多数。过载、短路、设备过热及违规操作是这类火灾发生的主要原因。

② 化学品火灾，主要是由化学品使用或储存不当引起的。由于许多化学品具有易燃易爆性，一旦发生火灾，火势迅猛，难以控制，危害极大。

③ 操作不慎或违规吸烟使火源接触易燃物导致的火灾等。

④ 由爆炸事故引起的火灾。

1.2.2 爆炸

爆炸是物质瞬间发生物理或化学变化，同时释放出大量气体和能量（光能、热能、机械能）并伴有巨大声响的现象。按性质分类，爆炸可分为物理性爆炸、化学性爆炸两大类。

在高校中爆炸性事故多发生在具有易燃易爆化学品或存有压力容器的实验室，主要类型有可燃气体爆炸、化学品爆炸、活泼金属爆炸、高压容器爆炸、粉尘爆炸等。导致这类事故的主要原因有如下几点：

① 操作不当，引燃易燃蒸气导致爆炸。

② 搬运时使爆炸品受热、撞击、摩擦等引起爆炸。

③ 易燃易爆药品储存不当，造成泄漏引发爆炸。

④ 高压装置操作不当或使用不合格产品引发物理爆炸。

⑤ 在密闭或狭小容器中进行反应，反应产生的热量或大量气体难以释放导致爆炸。

⑥ 加错试剂，形成爆炸反应或形成爆炸混合物引发爆炸。

⑦ 用普通冰箱储存闪点低的有机试剂引发冰箱爆炸。

⑧ 实验室火灾事故中引发的爆炸。

1.2.3 中毒窒息

中毒是指人体通过饮食、呼吸、注射或皮肤接触的方式，吸收了一定剂量的有毒、有害物质，导致体内的组织、器官受到损害，并引发全身性的症状，甚至可能导致患者死亡的现象。中毒窒息是毒物作用使血红蛋白变性或功能障碍，或细胞内氧化酶功能降低、消失，或改变细胞膜的通透性，引起红细胞对氧的运输能力降低及组织细胞对氧的摄取和利用障碍，因呼吸系统发生障碍而呼吸困难甚至停止呼吸。

中毒窒息事故多发生在化学实验室，有毒药品或化学反应产生的有毒物质的泄漏、外流是导致这类事故的主要原因，包括以下几种情况：

① 使用有毒试剂时，疏于防护或违规操作造成的急性或慢性中毒。

② 操作失误造成的中毒。

③ 设备老化故障及违规操作导致有毒物质泄漏引起的中毒污染。

④ 排风不利引起的有毒气体中毒污染。

⑤ 管理不善引起有毒物质的外流造成的污染或被犯罪分子用于投毒引发的毒害事故等。

⑥ 缺乏环保观念，随意排放实验废液废气及固体废物造成的环境污染等。

1.2.4 触电

触电事故中两类典型的事故是电击和电伤。电击是电流通过人体，对机体组织产生刺激，使肌肉非自主地发生痉挛性收缩而造成的伤害。电伤指的是电流的热效应、化学效应、机械效应等对人体所造成的伤害。

实验室中的照明、精密设备、大型仪器、装置等大多是用电设备，若用电不当，很容易造成电气着火、设备运行出现故障、人身触电等事故。因此，用电安全是高校实验室用电的重要组成部分，是实验室火灾事故的防控重点。导致这类事故的主要原因有如下几点。

① 实验设备供电电源线存在问题。

② 线路超负荷供电或线路短路。

③ 接头接触不良，造成接头处出现火花。

④ 熔丝选用不当或用铜丝、铝丝代替熔丝而引起事故。
⑤ 空开或漏电保护器选用不当。

1.2.5　生物暴露

感染性事故多发生在生物或医药学实验室，主要有细菌或病毒感染、传染事故，外源生物或转基因生物违规释放对生物多样性、生态环境及人体健康产生潜在危害等。这类事故一旦发生，对人类健康及生活环境将产生极大的危害作用。引发这类事故的主要原因是实验人员的疏忽、仪器老化故障以及对实验废物处理不当等。

1.2.6　辐射危害

根据能量大小，可分为电离辐射与非电离辐射。电离辐射又称放射性辐射，其射线是由放射性物质所发出的。由于放射射线都具有很高的能量，能产生电离。非电离辐射包括电磁辐射，其能量一般小于电离辐射。其中，对实验室工作人员危害最大的是电离辐射。

电离辐射又分为天然电离辐射和人工电离辐射。实验室中，主要存在的是人工电离辐射。辐射对人体的效应是由于单位细胞受到损伤所致。细胞主要是由水组成的，在水中的电离将使分子发生变化并会形成一种对染色体有害的化学物质。这种损伤使细胞的结构和功能发生变化。在人体内，这些变化能显示出临床症状，如放射性病、白内障或在以后出现的癌。引起这种危害的主要原因是实验室的辐射安全措施（即个人辐射防护和设备辐射防护）不足或不全面。

1.3　实验室事故原因分析

本节重点分析实验室事故的主要原因，见表1-1。表中列出了原因类别及名称。

表 1-1　实验室事故主要原因及分类

原因类别	原因名称
人的因素	违反规章制度
	操作失误
	违规使用危险化学品
	违规用电
物的因素	存放危险化学品
	电路老化
	生物暴露
	辐射危害
	仪器设备缺乏保护措施
	仪器设备质量问题
环境因素	实验场所或储存场所环境恶劣（如高温、潮湿和采光以及通风不足等）
	储存条件和废料处理不合理
管理因素	安全教育不足
	应急方案与计划不全面
	安全管理制度不健全
	实验风险分析不到位

　　违反操作规程是大多数实验室事故的主要原因。学生在实验中用火、用电及危险物品时，若违反规程规定，就可能引发火灾、触电等安全事故。人的操作失误也是一项重要的致因因素。例如，一些物品放在烘箱中，烘干后忘记取出，湿手接触电插座、开关、（电泳仪）电源接头，有水或试剂流过或溅出，会导致电源和电器等漏电。

　　设备的潜在危险是造成事故发生的主要的物的因素。以电气设备为例，保护接零是为了防止电气设备因绝缘损坏而使人遭受间接接触电击的安全措施。环境因素重点应关注实验材料的存放和处理。例如，回收装有强氧化剂的试剂瓶，不及时处理，放置过久，容易生成过氧化物易引起爆裂。此外，实验室的照明条件、通风条件、散热条件等均属于环境因素，这类条件控制不好将引发事故。

　　实验室安全管理涉及火灾与爆炸事故、生物与毒害事故、机电伤人事故防范、废物安全处理等诸多问题，各类问题都依赖于制度的规范化管理。但是，有些高校的实验室安全管理制度已制定多年，前瞻性、全面性、可操作性等方面的不足逐渐显现。如一些规定已不适应实验室安全管理的新形势，旧管理方法存在安全监管盲区，旧的方法的可操作性不强，难以提供有效的行动指导等。

基于上述分析，高校应重点关注和预防人、物、环境和管理的主要因素。实验室管理人员除了需要帮助广大师生提高安全意识之外，更重要的是要让各项规章制度得到真正落实，各单位需要结合自身实验室管理的实际情况，有针对性地开展与实验室管理相关的安全教育和培训考核，切实解决或改善实验室安全管理中的难点，最大限度预防和减少实验室安全事故的发生，保障教学、科研工作的安全开展。

参考文献

[1] 黄凯,张志强,李恩敬. 大学实验室安全基础[M]. 北京：北京大学出版社，2012.

[2] 何晋浙,孙培龙,张国亮. 高校实验室安全管理与技术[M]. 北京：中国计量出版社，2009.

[3] 姜忠良,齐龙,马丽云. 实验室安全基础[M]. 北京：清华大学出版社，2009.

[4] Ma L H, Ma X X, Xing P F, et al. A hybrid approach based on the HFACS-FBN for identifying and analysing human factors for fire and explosion accidents in the laboratory[J]. Journal of Loss Prevention in the Process Industries, 2022, 75: 104675.

[5] 金峰,桑志国. 实验室安全技术与管理研究[M]. 北京：原子能出版社，2020.

[6] 阳富强. 建筑防火课程设计[M]. 北京：化学工业出版社，2018.

[7] 路建美,黄志斌. 高等学校实验室环境健康与安全[M]. 南京：南京大学出版社，2013.

[8] 王强,张才. 高校实验室安全准入教育[M]. 南京：南京大学出版社，2019.

[9] 阳富强,胡涛,余龙星. 高校实验室安全管理信息双循环机制构建及其应用[J]. 实验技术与管理，2023,40(04):205-211.

[10] 阳富强,黄玉杰,施永乾,等. 基于"4R"理论的高校实验室应急管理研究[J]. 化工高等教育，2022,39(03):115-120.

第 2 章

实验室危险化学品安全

　　随着高校创新能力的不断提高，高校实验室教学、科研范围不断扩大，所涉及的危险化学品种类和数量逐年增多，对实验室师生的安全意识及应急能力提出了更高的要求。在实验室的教学科研活动中，若对危险化学品缺乏安全使用知识，则有可能发生损害健康、威胁生命和损毁财产的事故。本章从危险化学品分类、实验室常见危险化学品、危险化学品安全管理、危险化学品个人防护四个方面，对实验室危险化学品安全知识进行介绍。通过本章的学习，学生能够对常见的危险化学品有清晰的认识，掌握相应的防护与应急方法，从而更好地保护自身的生命财产安全。

2.1　危险化学品分类及危害

2.1.1　危险化学品分类

　　危险化学品是指具有毒害、腐蚀、爆炸、燃烧、助燃等性质，对人体、设施、环境具有危害的剧毒化学品和其他化学品。

　　常见的危险化学品约有数千种，其性质各不相同。目前，我国对危险化学品分类主要依据《危险货物分类和品名编号》（GB 6944—2012）和《化学品分类和危险性公示 通则》（GB 13690—2009）两个国家标准。《危险货物分类和品名编号》（GB 6944—2012）将危险品分为 9 大类（如表 2-1 所示）：①爆炸品；②气体；③易燃液体；④易燃固体、易于自燃的物质和遇水放出易燃气体的物质；⑤氧化性物质与有机过氧化物；⑥毒性物质和感染性物质；⑦放射性物质；⑧腐蚀性物质；⑨杂项危险物质和物品，包括危害环境物质。

表 2-1 《危险货物分类和品名编号》(GB 6944—2012) 对危险化学品的分类

危险物名称	编号	主要类型
第1类 爆炸品	1.1	有整体爆炸危险的物质和物品
	1.2	有迸射危险，但无整体爆炸危险的物质和物品
	1.3	有燃烧危险并有局部爆炸危险或局部迸射危险或这两种危险都有，但无整体爆炸危险的物质和物品
	1.4	不呈现重大危险的物质和物品
	1.5	有整体爆炸危险的非常不敏感物质
	1.6	无整体爆炸危险的极端不敏感物品
第2类 气体	2.1	易燃气体
	2.2	非易燃无毒气体
	2.3	毒性气体
第3类 易燃液体		本类包括易燃液体和液体退敏爆炸品
第4类 易燃固体、易于自燃的物质和遇水放出易燃气体的物质	4.1	易燃固体、自反应物质和固态退敏爆炸品
	4.2	易于自燃的物质
	4.3	遇水放出易燃气体的物质
第5类 氧化性物质与有机过氧化物	5.1	氧化性物质
	5.2	有机过氧化物
第6类 毒性物质与感染性物质	6.1	毒性物质
	6.2	感染性物质
第7类 放射性物质		
第8类 腐蚀性物质		
第9类 杂项危险物质和物品，包括危害环境物质		

2.1.2 危险化学品危害

化学物质在不同状态下会表现出相应的化学、物理、环境和生物方面的危险性。根据我国现行的《化学品分类和危险性公示 通则》（GB 13690—2009），在实验室中，危险化学品的危害可分为理化危险性、健康危险性和环境危险性。

(1) 理化危险性

危险化学品的理化危险性主要体现在爆炸性、氧化性和易燃性三方面。

① 爆炸性危险　爆炸是指化合物或混合物在热、压力、撞击、摩擦、声波等激发下，在极短时间内释放出大量能量，产生高温，并放出大量气体，在周围介质中造成高压的化学反应或物理状态变化。爆炸的一个最重要特征是爆炸点周围介质发生急剧的压力突变，而这种压力突变是产生爆炸破坏作用的直接原因。爆炸分为物理性爆炸和化学性爆炸两大类。

物理性爆炸是物质因状态（温度、体积）或压力发生突变等物理变化而形成的。例如，容器内液体过热、汽化而引起的爆炸，锅炉的爆炸，压缩气体、液化气体超压引起的爆炸等，都属于物理性爆炸。

化学性爆炸是由于物质在短时间内发生极其激烈的化学反应，产生高温、高压而引起的爆炸。化学物质的爆炸是指瞬间内发生化学反应并放出大量能量的过程。化学性爆炸实质上就是高速度的燃烧，它的作用时间仅百分之一秒、千分之一秒，随着爆炸产生大量气体和高温，气体骤然膨胀产生爆炸力。在爆炸时能形成的温度达2000～4000℃，热值是决定爆炸力的主要因素。

② 氧化性危险　氧化性危险是指化学物质或制剂与其他物质（一般为可燃剂），特别是易燃物质接触产生放热反应的强度。所有的氧化性物质都具有助燃作用，会增加反应或燃烧的强度。由于氧化反应的放热特性，这类物质与其他可燃剂接触后，在一定的条件下会发生氧化还原反应并发热，进而有可能发生热积累，最终发生火灾和爆炸事故。另外，大多数氧化剂都具有较高的毒性，按其生物作用，有些称为刺激性气体，如硫酸、氯酸和过氧化氢等；有些称为窒息性气体，如硝酸烟雾、氯气等。

③ 易燃性危险　易燃危险物是指易于燃烧的化学物质，其具有易燃危险性。易燃性危险又可分为极度易燃、高度易燃和易燃三个等级。

极度易燃是指闪点在0℃以下，沸点低于或等于35℃的物质或制剂，如乙醚、甲酸甲酯、氢气、乙烷、液化石油气、乙烯、乙炔等物质。它们在环境温度下多为气态，可形成爆炸极限范围较宽的混合气体。

高度易燃性物质是指无需加热，在常温下与火源短暂接触就能起火，火源移去后还能继续燃烧的物质。如闪点低于21℃的液体物质、氢化物、烷基铝、磷以及一些溶剂均属于高度易燃性物质。

易燃性物质是指闪点在21~61℃的液体及一些固体物质。大多数溶剂和石油馏分属于此类。

（2）健康危险性

① 毒性　化学物质的毒性是指可造成人类或动物急性或慢性中毒甚至死亡的性质，通常用动物实验的半致死剂量来表征其毒性的强度。

② 腐蚀性和刺激性　化学物质的腐蚀性是指能够严重损伤活性生物细胞组织的性质。在化工产品中最具有代表性的腐蚀性物质有酸和酸酐、碱、卤素和含卤素的盐，卤代烃和卤代有机酸四类化合物。此外，还有如硫化氢、过氧化氢等不属于上述四类中任何一类的腐蚀性化合物。

③ 致癌性和致变性　化学物质的致癌性是指一些通过呼吸、饮食或皮肤吸收等进入人体而诱发癌症或增加癌变危险的性质。但是对于物质的总毒性却可以测出浓度水平，在此浓度水平以下，物质不再显示出致癌作用。大部分剂量致癌反应的曲线图是经过动物实验得到的，而动物实验的结果与人体作用之间的换算还有待进一步解决。

致变性是指诱发生物活性的性质。对于具体诱发生物活性的类型，如细胞、有机体等的生物活性目前还无法确定。致变性也称异变性，受其影响的如果是人或动物的生殖细胞，受害个体的正常功能会有不同程度的变化，如果是躯体细胞，则会诱发癌变。

（3）环境危险性

环境危险主要是指与生态环境和我们的生活密切相关的空气和水的污染。当某些化学物质在水和空气中的浓度超过某一正常值时，它就会危害人或动物的健康，也可以危害植物的生长。环境危险是一个不易确定的综合概念，环境危险性是指化学物质的物理化学危险性和生物危险性的综合作用。为了评价化学物质对环境的危险，必须对化学物质的危险性进行全面评价；必须考虑化学物质固有的危险程度，化学物质流入环境的量，化学物质经过生物和非生物降解的难易程度，化学物质的分解产物的性质及其所具有的新陈代谢功能。

从理化危险性、健康危险性和环境危险性三方面，《化学品分类和危险性公示通则》将化学物质和混合物分为若干个危险性类别，具体见表2-2。

表 2-2 《化学品分类和危险性公示 通则》（GB 13690—2009）对危险化学品的分类

理化危险	健康危险	环境危险
爆炸物	急性毒性	危害水生环境
易燃气体	皮肤腐蚀/刺激	
易燃气溶胶	严重眼损伤/眼刺激	
氧化性气体	呼吸或皮肤过敏	
压力下气体	生殖细胞致突变性	
易燃液体	致癌性	
易燃固体	生殖毒性	
自反应物质或混合物	特异性靶器官系统毒性（一次接触）	
自燃液体	特异性靶器官系统毒性（反复接触）	
自燃固体	吸入危险	
自热物质和混合物		
遇水放出易燃气体的物质或混合物		
氧化性液体		
氧化性固体		
有机过氧化物		
金属腐蚀剂		

2.2 实验室常见危险化学品

2.2.1 爆炸品

（1）定义

爆炸品是指外界作用下（如受热、受压、撞击等），能发生剧烈化学反应，瞬时产生大量的气体和热量，使周围压力急剧上升，对周围环境造成破坏的固体物质或液体物质（或这两种物质的混合物），也包括无整体爆炸危险，但具有燃烧、抛射及较小爆炸危险的物品。

（2）危险特性

① 敏感性。爆炸品的爆炸性是由物质本身的组成和性质决定的。而爆炸的难易程度则取决于物质本身的敏感度。一般来讲，敏感度越高的物质越易爆炸。

② 爆炸破坏性。爆炸品一旦发生爆炸，爆炸中心的高温、高压气体产物会迅速向外膨胀，剧烈地冲击、压缩周围原来平静的空气，使其压力、密度、温度突然升高，形成很强的空气冲击波并迅速向外传播。

③ 殉爆性。爆炸品爆炸能引起位于一定距离之外的爆炸品也发生爆炸，这种现象称殉爆，这是炸药所具有的特殊性质。殉爆的发生是冲击波的传播作用，距离越近冲击波强度越大。

(3) 实验室中常见的爆炸品

① 高氯酸盐或有机高氯酸化合物。高氯酸盐主要用作火箭燃料、烟火中的氧化剂和安全气囊中的爆炸物。多数高氯酸盐可溶于水，因此在实验室中被广泛用于无机合成或金属有机合成。一般高氯酸盐对热和碰撞并不敏感，但许多重金属的高氯酸盐、有机高氯酸盐、有机高氯酸酯、高氯酸氟等极易爆炸。在还原性物质存在的条件下，操作任何一种高氯酸化合物均具有爆炸可能，因此操作时必须谨慎。

② 硝酸酯类或含硝基的有机化合物。硝酸酯类物质及含多个硝基的有机化合物燃爆危险性大，许多该类化合物被用作炸药。如硝酸甘油、硝化棉、乙二醇二硝酸酯及三硝基甲苯（TNT）和苦味酸（TNP、PA）等。曾经发生过在蒸馏硝化反应物的过程中，当蒸至剩下很少残液时，突然发生爆炸的实验事故，因为在蒸馏残物中有多硝基化合物，具有爆炸性，故不能将其过分蒸馏。

③ 叠氮化合物。有机和无机叠氮化合物均为叠氮酸衍生物。叠氮酸的重金属盐，如叠氮银、叠氮铅具有高度爆炸性。叠氮铅对撞击极为敏感，是起爆剂的重要成分。一般碱金属的叠氮酸盐无爆炸性，如叠氮钠，遇水会分解，释出水解产物叠氮酸。烷基叠氮化合物在室温较稳定，但加热易爆炸，温度升高可分解出叠氮酸。芳基叠氮化合物为有色的，相对稳定的固体，撞击时易爆，熔化时可分解，释出叠氮酸。叠氮钠易和铅或铜急剧化合生成易爆炸的金属叠氮化合物。

2.2.2 气体危险品

(1) 定义

气体是指在 50℃时，蒸气压力大于 300kPa 的物质，或 20℃时在

101.3kPa标准压力下完全是气态的物质。在《危险货物分类和品名编号》(GB 6944—2012) 中，气体根据其危险性质分为3类。

① 易燃气体。一种在20℃和标准压力101.3kPa时与空气混合有一定易燃范围的气体。

② 非易燃无毒气体。该类气体包括窒息性气体、氧化性气体以及不属于其他类别的气体，但不包括在温度20℃时的压力低于200kPa并且未经液化或冷冻液化的气体。

a. 窒息性气体：会稀释或取代空气中氧气的气体。

b. 氧化性气体：通过提供氧气比空气更能引起或促进其他材料燃烧的气体。

c. 不属于其他类别的气体，如压缩空气、氧气、二氧化碳气。

③ 毒性气体。毒性气体包括已知对人类具有的毒性或腐蚀性强到对健康造成危害的气体，或急性半数致死浓度 LC_{50}（使青年大白鼠连续吸入1h，最可能引起受试动物在14d内死亡一半的气体浓度）值小于或等于$5000mL/m^3$，对人类具有毒性或腐蚀性的气体。氟气、氯气等有毒氧化性气体，氨气、砷化氢、煤气等有毒易燃气体均属于此类。

(2) 危险特性

① 易燃易爆性。在常用的压缩气体和液化气体中，超过半数是易燃气体。与易燃液体、固体相比，易燃气体更易燃烧，燃烧速度快，着火爆炸危险性更大。

② 受热胀缩性。气体受热时，体积就会膨胀。在容器容积不变时，温度与压力成正比，受热温度越高，形成的压力就越高。盛装压缩或液化气体的容器当受到高温、日晒、剧烈震动等作用时，压力超过了容器的耐压极限，就会引起容器爆炸，以致气体逸出，遇到明火或爆裂时产生的静电火花，就会造成火灾或爆炸事故。

③ 扩散性。气体由于分子间距大，相互作用力小，所以非常容易扩散。比空气轻的气体在空气中容易扩散，易与空气形成爆炸性混合物；比空气重的气体往往沿地面扩散，聚集在沟渠、隧道、房屋角落等处，长时间不散，遇着火源容易发生燃烧或爆炸。

④ 氧化性。危险气体中很多具有氧化性，包括含氧的气体，如氧气、压缩空气、臭氧、一氧化二氮、二氧化硫、三氧化硫等；还包括不含氧的气体，如氯气、氟气等。这些气体遇到还原性气体或物质（如多数有机物、油

脂等）易发生燃烧爆炸。

⑤ 健康危害性。该类中的绝大多数气体对人体健康具有危害性，如毒性、刺激性、腐蚀性或窒息性。

(3) 实验室中常见的气体

① 氧气。氧气是强烈的助燃气体，高温下纯氧十分活泼。温度不变而压力增加时，可以和油类发生急剧的化学反应，并引起发热自燃，进而产生强烈爆炸。氧气瓶一定要防止与油类接触，瓶身严禁沾染油脂，并绝对避免让其他可燃性气体混入，禁止用（或误用）盛其他可燃性气体的气瓶来充灌氧气。氧气瓶禁止放于阳光暴晒的地方，应储存在阴凉通风处，远离火源，避免阳光直射。

② 氢气。氢气密度小，易泄漏，扩散速度很快，易和其他气体混合。氢气与空气的混合气极易自燃自爆。在高压条件下的氢和氧，能够直接化合，因放热而引起爆炸；高压氢、氧混合气体冲出容器时，由于摩擦发热，或者产生静电火花，也可能引起爆炸。氢气应单独存放，最好放置在室外专用的小屋内，以确保安全，严禁放在实验室内，严禁烟火。

2.2.3 易燃液体

(1) 定义

根据《危险货物分类和品名编号》（GB 6944—2012），易燃液体包括易燃液体和液态退敏爆炸品。易燃液体是指易燃的液体或液体混合物，或是在溶液或悬浮液中有固体的液体，其闭杯试验闪点不高于60℃，或开杯试验闪点不高于65.6℃。易燃液体还包括在温度等于或高于其闪点的条件下提交运输的液体或以液态在高温条件下运输或提交运输、并在温度等于或低于最高运输温度下放出易燃蒸气的物质。

《化学品分类和标签规范 第7部分 易燃液体》（GB 30000.7—2013）将易燃液体按其闪点分为以下4类：

- 第1类闪点小于23℃且初沸点不大于35℃，如乙醚、二硫化碳等；
- 第2类闪点小于23℃且初沸点大于35℃，如甲醇、乙醇等；
- 第3类闪点不小于23℃且不大于60℃，如航空燃油等；
- 第4类闪点大于60℃且不大于93℃，如柴油等。

(2) 危险特性

① 燃烧爆炸性。易燃液体遇火、受热或与氧化剂接触都会发生燃烧或蒸气爆炸。

② 挥发性。一般易燃液体处于常压的情况下是蒸发式的扩散燃烧，如果液体蒸发出来的蒸气与空气混合到一定浓度，遇火源则是爆炸式的动力燃烧。

③ 受热膨胀性。易燃液体受热后，液体的体积膨胀，同时蒸气压力也随之增加，若液体储存在密闭的容器中，就会造成容器鼓胀，以致爆炸。所以，为了防止易燃液体的超容，应预留一定的空间。

④ 流动扩散性。易燃液体的黏度一般都很小，容易流淌，还因渗透、毛细管引力、浸润等作用，即使容器只有细微裂纹，也会渗出容器壁外，扩大其表面积，源源不断地挥发，使在空气中的蒸气浓度增高，从而增加了燃烧爆炸的危险性。

⑤ 带电性。多数易燃液体都是电介质，在灌注、输送、喷流过程中能产生静电，当静电荷聚积到一定程度时，则放电产生电火花，有引起燃烧或爆炸的危险。

(3) 实验室中常见的易燃液体

① 乙醇。乙醇具有易燃的危险特性，受热或遇明火有着火、爆炸危险。蒸气能与空气形成爆炸性混合物。乙醇作为一种实验室常用试剂，多在消杀灭活、有机萃取抽提、酒精灯燃料、超净台灭菌等实验活动中使用。在日常使用中，乙醇应储存于阴凉、通风的库房，远离火种、热源，建议将乙醇储存在专用的防爆铁柜中。如果条件暂时不具备，也要将乙醇储存在现有试剂柜的底层，防止摔落。保持容器密封，与氧化剂、酸类、碱金属、胺类等分开存放，切忌混储。

② 乙醚。乙醚是一种用途非常广泛的有机溶剂，具有麻醉作用，可作为麻醉药使用。纯度较高的乙醚不可长时间敞口存放，否则其蒸气可能引来远处的明火起火。蒸馏乙醚时不可过尽，蒸发残留物中的过氧化物加热到100℃以上时能引起强烈爆炸。在实验室中应将乙醚储于低温通风处，远离火种、热源，与氧化剂、卤素、酸类分储。

③ 丙酮。丙酮反应活性高，其蒸气与空气可形成爆炸性混合物，遇明火、高热极易燃烧爆炸。与氧化剂能发生强烈反应。其蒸气比空气重，能在较低处扩散到相当远的地方，遇火源会着火回燃。若遇高热，容器内压升

高,有开裂和爆炸的危险。丙酮应储存于密封的容器内,置于阴凉干燥通风良好处,远离热源、火源和有禁忌的物质。

2.2.4 易燃固体、易于自燃的物质和遇水放出易燃气体的物质

2.2.4.1 易燃固体

(1) 定义

易燃固体是指燃点低,对热、撞击、摩擦、高能辐射等敏感,易被外部火源点燃,燃烧迅速,并可能散发出有毒烟雾或有毒气体的固体,但不包括已列入爆炸品的物质。

(2) 危险特性

① 易燃性。易燃固体的着火点比较低,一般在300℃以下,在常温下很小能量的着火源就能引燃易燃固体。

② 爆炸性。绝大多数易燃固体与酸、氧化剂,尤其是与强氧化剂接触时,能够立即引起着火灾或爆炸。

③ 毒害性。很多易燃固体本身具有毒害性,或燃烧后产生有毒物质。

(3) 实验室中常见的易燃固体

① 硫黄。别名硫、胶体硫、硫黄块。硫黄易燃,与氧化剂混合能形成爆炸性混合物,与卤素、金属粉末等接触后也会发生剧烈反应,粉尘或蒸气与空气或氧化剂混合后就会形成爆炸性混合物。硫黄为不良导体,在储运过程中易产生静电荷,可导致硫尘起火。硫黄本身低毒,但其蒸气及固体燃烧后产生的二氧化硫对人体有剧毒。

② 氨基化钠($NaNH_2$)。在空气中易氧化,易燃,有腐蚀性和吸湿性,能与水强烈反应生成氢氧化钠和氨。在遇高热、明火、强氧化剂或受潮时可产生爆炸。粉状固体飘浮于空气中时,容易形成爆炸性粉尘。氨基钠变成黄色或棕色后,表示已经有氧化物生成,不可再用,否则可能发生爆炸。因此,氨基钠应该用时制备,不要久储。在储存或使用时应注意防水,打开盖子时盖口不要对着脸部。

2.2.4.2 易于自燃的物质

(1) 定义

易自燃物质指自燃点低,在空气中易发生氧化反应,放出热量,而自行

燃烧的物质，包括发火物质和自热物质两类。发火物质是指与空气接触不足5min便可自行燃烧的液体、固体或液体混合物。自热物质是指与空气接触不需要外部热源便自行发热而燃烧的物质。

(2) 危险特性

① 自燃性。自燃性物质都是比较容易氧化的，接触空气中的氧时会产生大量的热，积热达到自燃点而着火、爆炸。

② 化学活性。自燃物质一般都比较活泼，具有极强的还原性，遇氧化剂可发生激烈反应、爆炸。

③ 毒害性。有相当部分自燃物质本身及其燃烧产物不仅对机体有毒或剧毒，还可能有刺激、腐蚀等作用。

(3) 实验室中常见的自燃物质

① 黄磷。又叫白磷，为白色至黄色的蜡状固体，剧毒，人吸入0.1g白磷就会中毒死亡。性质活泼，极易氧化，燃点特别低，一经暴露在空气中很快引起自燃，必须放置在水中保存，远离火源、热源。其燃烧的产物五氧化二磷也为有毒物质，遇水还能生成磷酸，对皮肤有腐蚀作用。在使用黄磷时，要注意防护，不能用手指或其他部位皮肤与它接触。

② 三乙基铝。化学式为$Al(C_2H_5)_3$，无色透明液体，具有强烈的霉烂气味。化学性质活泼，能在空气中自燃，遇水即发生爆炸，也能与酸类、卤素、醇类和胺类起强烈反应。主要用于有机合成，也用作火箭燃料。极度易燃，具强腐蚀性、强刺激性，主要损害呼吸道、眼结膜和皮肤，高浓度吸入可引起肺水肿，皮肤接触可致烧伤（灼伤）、充血、水肿和起水泡，疼痛剧烈。储存时必须用充有惰性气体或特定的容器包装，包装要求密封，不可与空气接触，储存于干燥阴凉通风处，远离火种、热源。应与氧化剂、酸类、醇类等分开存放，切忌混储。取用时必须对全身进行防护。

2.2.4.3 遇水放出易燃气体的物质

(1) 定义

遇水放出易燃气体的物质又称遇湿易燃物质，指遇水或受潮时，发生剧烈化学反应，易变成自燃物质或放出危险数量的易燃气体和热量的物质。有些甚至不需明火，即能燃烧或爆炸。

(2) 危险特性

① 遇水易燃性。这是这类物质的共性。遇水、潮湿空气、含水物质可剧烈反应，放出易燃气体和大量热量，引起燃烧、爆炸，或可形成爆炸性混合气体，从而造成危险。

② 自燃危险性。如磷化物（磷化钙、磷化锌等），遇水生成磷化氢，在空气中能自燃，且有毒。

③ 毒害性和腐蚀性。一些遇水放出易燃气体的物质本身具有毒性或放出有毒气体。由于易与水反应，故对机体有腐蚀性，使用这类物质时应防止其接触皮肤、黏膜，以免烧伤，取用时要戴橡胶手套或用镊子操作，不可直接用手拿。

(3) 实验室中常见的遇水放出易燃气体的物质

① 金属钠、钾。金属钠或钾遇水发生剧烈反应，生成碱和易燃的氢气，并放出大量的热，尤其钾遇水，能使钾燃烧。在实验室中一般将钠或钾保存在盛有煤油或液体石蜡的玻璃瓶中并将瓶子密封，在阴凉处保存。处理废金属钠时，可把它切成小片投入过量乙醇中使之反应，但要注意防止产生的氢气着火。处理废金属钾时，则须在氮气保护下，按同样的操作进行处理。

② 氢化铝锂（$LiAlH_4$）。在空气中磨碎时可起火。受热或与湿气、水、醇、酸类接触，即发生放热反应并放出氢气而燃烧或爆炸。与强氧化剂接触猛烈反应而爆炸。氢化铝锂对黏膜、上呼吸道、眼和皮肤有强烈的刺激性，可引起烧灼感、咳嗽、喘息、喉炎、气短、头痛、恶心、呕吐等。可发生因吸入导致喉及支气管的痉挛、炎症、水肿、化学性肺炎或肺水肿而致死的情况。由于氢化铝锂具有高度可燃性，储存时需密封防潮、隔绝空气和湿气、充氮气并在低温下保存。使用时需全身防护，且必须佩戴防毒面具，以防吸入粉尘。

2.2.5 氧化性物质和有机过氧化剂

(1) 定义

氧化性物质是指本身未必燃烧，但因放出氧可能引起或促使其他物质燃烧的物质。氧化性物质具有较强的获得电子能力，有较强的氧化性，氧化剂对热、震动或摩擦较敏感，遇酸碱、高温、震动、摩擦、撞击、受潮或与易燃物品、还原剂等接触能迅速反应，引发燃烧或爆炸，与松软的粉末状可燃物能组成爆炸性化合物。

有机过氧化物是指含有两价过氧基（—O—O—）结构的有机物质。其具有热不稳定性，可能发生放热的自加速分解。本身易燃、易爆、极易分解，对热、震动和摩擦极为敏感。具有较强的氧化性，遇酸、碱、还原剂可发生剧烈的氧化还原反应，遇易燃品则有引起燃烧、爆炸的危险。

（2）危险特性

① 易分解性。氧化性物质和有机过氧化物在外界因素的影响下，都极易发生分解，放出活性氧，与可燃物反应，导致燃烧或爆炸。

② 燃烧爆炸性。有机过氧化物不仅极易分解爆炸，而且本身还特别易燃。

③ 强氧化性。氧化剂和有机过氧化物最突出的特性是具有较强的获得电子能力，即强氧化性、反应性。在遇到还原剂、有机物时会发生剧烈的氧化还原反应，引起燃烧、爆炸，放出反应热。

④ 腐蚀毒害性。绝大多数氧化性物质具有一定的毒性和腐蚀性，能毒害人体、烧伤皮肤。

（3）实验室中常见氧化性物质和有机过氧化物

① 过氧化氢（H_2O_2）。低浓度的双氧水可用于消毒。浓的双氧水具有腐蚀性，其蒸气或雾会对呼吸道产生强烈刺激，眼直接接触可致不可逆损伤甚至失明，口服中毒则会导致多种器官损伤，长期接触本品可致接触性皮炎。过氧化氢本身不可燃，但能与可燃物反应放出大量热量和氧气而引起着火爆炸。

② 过氧化二苯甲酰（$[C_6H_5C(O)O]_2$）。性质极不稳定，摩擦、撞击、遇明火、高温、硫及还原剂，均有引起爆炸的危险。对皮肤有强烈的刺激和致敏作用，刺激黏膜。储存时应注入 $25\%\sim30\%$ 的水，避免光照和受热，勿与还原剂、酸类、醇类、碱类接触。

2.2.6 毒性物质

（1）定义

毒性物质是指经吞食、吸入或与皮肤接触后可能造成死亡或严重受伤或损害健康物质，包括满足下列条件之一的物质（固体或液体）：

急性口服毒性：$LD_{50} \leqslant 300mg/kg$；

急性皮肤接触毒性：$LD_{50} \leqslant 1000mg/kg$；

急性吸入粉尘和烟雾毒性：$LC_{50} \leqslant 4mg/L$；

急性吸入蒸气毒性：$LC_{50} \leqslant 5000mL/m^3$，且在20℃和0.1MPa压力下的饱和蒸气浓度大于或等于$(1/5)LC_{50}$。

LD_{50}、LC_{50}是经过统计学方法得出的一种物质毒性的单一计量。LD_{50}为半数致死剂量是最可能引起受试动物在14d内死亡一半的物质剂量；LC_{50}为急性吸入粉尘和烟雾毒性是最可能引受试验动物在14d内死亡一半的蒸气、烟雾或粉尘的浓度。

（2）危险特性

① 毒害性。毒害性是这类物质的主要特性。无论通过口服、吸入，还是皮肤吸入，毒性物质侵入机体后会对机体的功能与健康造成损害，甚至死亡。

② 溶解性。毒害品在水中溶解度越大，毒性越大。因为易于在水中溶解的物品，更易被人吸收而引起中毒。

③ 挥发性。毒物在空气中的浓度与物质挥发性有直接关系。在一定时间内，毒物的挥发性越大，毒性越大。沸点越低的物质，挥发性越大，空气中存有的浓度越高，越易发生中毒。

④ 分散性。固体毒物颗粒越小，分散性越好，特别是悬浮于空气中的毒物颗粒，更易吸入肺泡而中毒。

（3）实验室中常接触到的毒性物质

① 一氧化碳（CO）。具有毒性，进入人体后会和血液中的血红蛋白结合，进而使血红蛋白丧失携带氧的能力，从而引起机体组织出现缺氧，导致人体窒息死亡，其直接致害质量浓度为$1700mg/m^3$。由于一氧化碳是无色、无味的气体，因此容易发生忽略而致中毒的事故。

② 氰化钠（NaCN）。常用于提取金、银等贵金属，也用于电镀、制造农药及有机合成。各种规格的氰化钠均为剧毒化学品，氰化钠致死剂量为0.1~1g。当与酸类物质、氯酸钾、亚硝酸盐、硝酸盐混放时，或者长时间暴露在潮湿空气中，易产生剧毒、易燃易爆的HCN气体。当HCN在空气中浓度为20×10^{-6}（体积分数）时，经过数小时，人就出现中毒症状，乃

致死亡。

③ 硫酸二甲酯。硫酸二甲酯 $(CH_3)_2SO_4$ 与所有的强烷基化试剂类似，具有高毒性，皮肤接触或吸入均有严重危害。在有机化学中的应用已逐渐被低毒的碳酸二甲酯和三氟甲磺酸甲酯所取代。

2.2.7 放射性物质

（1）定义

放射性物质是指任何含有放射性核素并且其污度浓度和放射性总污度都超过《放射性物品安全运输规程》（GB 11806—2019）规定限值的物质。放射性物质所放出的射线可对人体组织造成伤害，具有或大或小的危险性，可致病、致畸、致癌，甚至可致死。

（2）危险特性

人体长期或反复受到允许放射剂量的照射能使人体细胞改变机能，白细胞增加，眼球晶体浑浊，皮肤干燥，毛发脱落，内分泌失调，也可能损伤遗传物质，引起基因突变和染色畸变，使一代甚至几代人受害。

（3）实验室中常接触到的放射性物质

① 钴-60。钴-60 是一种穿透力很强的核辐射元素。其通常是以放射源形式应用于农业、工业医学等，具有极强的辐射性，要用铅容器密闭保存。实验人员操作时都要穿上铅服用作防护，如果不慎遭受辐射，会有致命危险。

② X 射线。X 射线在工业上也有广泛的应用。X 射线可激发荧光、使气体电离、使感光乳胶感光，所以 X 射线可用电离计、闪烁计数器和感光乳胶片等检测。X 射线是肉眼看不到的，在日常工作中使用 X 射线设备要特别注意隔离防护措施，使用时一定要确保各类防护到位后再开启射线。严格遵循设备操作规则是射线设备安全防护中必须要做到的。

2.2.8 腐蚀性物质

（1）定义

腐蚀性物质是指通过化学作用使生物组织接触时造成严重损伤或在渗漏

时会严重损害甚至毁坏其他货物或运载工具的物质，如氢氟酸、硝酸、硫酸、甲酸、氯乙酸、氢氧化钠等。腐蚀品按化学性质可分为：酸性腐蚀品、碱性腐蚀品、其他腐蚀品。

（2）危险特性

① 腐蚀性。具有腐蚀性的物质能与人体、设备、建筑物、构筑物的金属结构发生化学反应，而使之腐蚀并遭受破坏，这种性质是所有腐蚀品的共性。

② 毒害性。在腐蚀性物质中，有一部分能挥发出具有强烈腐蚀性和毒害性的气体。

③ 氧化性。无机腐蚀性物质多数本身不燃，但都具有较强氧化性，有的还是强氧化剂，与可燃物接触或遇高温时，都有着火或爆炸的危险。

④ 易燃性。许多有机腐蚀物品都具有易燃性，这是由它们本身的组成和分子结构决定的，如冰醋酸、甲酸、苯甲酰氯、丙烯酸等接触火源时会引起燃烧。

（3）实验室中常接触到的腐蚀性物质

① 硫酸（H_2SO_4）。具有强酸性，还具有脱水性和强氧化性，会与蛋白质及脂肪发生水解反应并造成严重化学性烧伤，还会与碳水化合物发生高放热性脱水反应并将其炭化，造成二级火焰性烧伤，因此会对皮肤、黏膜、眼睛等组织造成极大刺激和腐蚀作用。硫酸具有强氧化性，与易燃物（如苯）和有机物（如糖、纤维素等）接触会发生剧烈反应，甚至引起燃烧。能与一些活性金属粉末发生反应。遇水大量放热，可发生沸溅。存储时，应保持容器密封，储存于阴凉、通风处，并与易燃物、还原剂、碱类、碱金属、食用化学品分开存放。

② 氢氧化钠（NaOH）。具有强烈的刺激性和腐蚀性。其粉尘或烟雾会刺激眼和呼吸道，腐蚀鼻中隔；皮肤和眼与氢氧化钠直接接触会引起烧伤；误服可造成消化道烧伤、黏膜糜烂、出血和休克。氢氧化钠能够与玻璃发生缓慢的反应，生成硅酸钠，因此固体氢氧化钠一般不用玻璃瓶装，装氢氧化钠溶液的试剂瓶使用胶塞。

③ 氯磺酸（$ClSO_3H$）。其很容易水解，与空气中的水蒸气也能反应生成酸雾并放出大量的热，若在容器中漏进水就会发生猛烈反应，甚至使容器炸裂。若与多孔性或粉末状的易燃物质接触，会引起燃烧。氯磺酸不仅对金属

有强烈的腐蚀作用，而且对眼睛也有强烈的刺激作用，还会侵蚀咽喉和肺部。

④ 氢氟酸。氢氟酸是氟化氢（HF）气体的水溶液，具有极强的腐蚀性，能强烈地腐蚀金属、玻璃和含硅的物质，吸入蒸气或皮肤接触则会造成难以治愈的烧伤，民间称其为"化骨水"。有剧毒，存放时需要放在密封的塑料瓶中保存于阴凉处。取用时需对人体实施全面防护。

2.2.9 杂项危险物质和物品

杂项危险物质和物品（包括危害环境物质）是指存在危险但不能满足其他类别定义的物质和物品。

本类是指存在危险但不能满足其他类别定义的物质和物品，包括：

① 以微细粉尘吸入可危害健康的物质；

② 会放出易燃气体的物质；

③ 锂电池组；

④ 救生设备；

⑤ 一旦发生火灾可形成二噁英的物质和物品；

⑥ 在高温下运输或提交运输的物质，是指在液态温度达到或超过100℃，或固态温度达到或超过240℃条件下运输的物质；

⑦ 危害环境物质，包括污染水生环境的液体或固体物质，以及这类物质的混合物（如制剂和废物）；

⑧ 毒性物质或感染性物质定义的经基因修改的微生物和生物体；

⑨ 其他。

2.3 危险化学品安全管理

2.3.1 化学试剂标签

化学试剂的标签能以最简洁易读的形式提供该试剂的基本信息，包括危险性及防护措施，因此在使用试剂前，一定要重视并认真阅读化学试剂标签。我国根据第170号公约精神，颁布了《化学品安全标签编写规定》（GB 15258—2009），规定了化学品安全标签用文字、图形符号和编码的组合形式，以清晰明确地表示化学品所具有的危险性和安全注意事项（见图2-1）。

化学品名称 A组分：40%；B组分：60%
危 险
极易燃液体和蒸气，食入致死，对水生生物毒性非常大
【预防措施】 • 远离热源、火花、明火、热表面。使用不产生火花的工具作业。 • 保持容器密闭。 • 采取防止静电措施，容器和接收设备接地、连接。 • 使用防爆电器、通风、照明及其他设备。 • 戴防护手套、防护眼镜、防护面罩。 • 操作后彻底清洗身体接触部位。 • 作业场所不得进食、饮水或吸烟。 • 禁止排入环境。 【事故响应】 • 如皮肤（或头发）接触：立即脱掉所有被污染的衣服。用水冲洗皮肤、淋浴。 • 食入：催吐，立即就医。 • 收集泄漏物。 • 火灾时，使用干粉、泡沫、二氧化碳灭火。 【安全储存】 • 在阴凉、通风良好处储存。 • 上锁保管。 【废弃处置】 • 本品或其容器采用焚烧法处置。
请参阅化学品安全技术说明书
供应商：×××××××××××××××××× 电话：××××××
地　址：×××××××××××××××××× 邮编：××××××
化学事故应急咨询电话：××××××

图 2-1　安全标签样例

其中化学试剂安全标签的内容主要分为以下 9 个方面。

① 化学品标识，用中文和英文分别标明化学品的化学名称或通用名称。名称要求醒目清晰，位于标签的上方。名称应与化学品安全技术说明书中的名称一致。对混合物应标出对其危险性分类有贡献的主要组分的化学名称或

通用名、浓度或浓度范围。当需要标出的组分较多时，组分个数以不超过 5 个为宜。对于属于商业机密的成分可以不标明，但应列出其危险性。

② 象形图，描述危险产品危险性质的图形。常见的化学品危险性标签中使用的图形符号如图 2-2 所示。

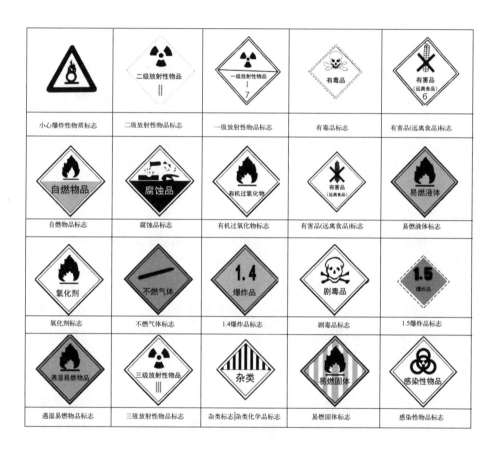

图 2-2　化学品危险性标签中使用的图形符号

③ 信号词，根据化学品的危险程度和类别，用"危险"、"警告"、"注意"三个词分别进行危害程度的警示。具体规定见表 2-3。当某种化学品具有两种及两种以上的危险性时，用危险性最大的警示词。警示词位于化学名称下方，要求醒目、清晰。

④ 危险性说明，简要概述化学品燃烧爆炸危险特性、健康危害和环境危害，居警示词下方。

表 2-3　警示词与危险性类别的对应关系

警示词	化学品危险性类别
危险	爆炸品,易燃气体,有毒气体,低闪点液体,一级自燃物品,一级遇湿易燃物品,一级氧化剂,有机过氧化物,剧毒品,一级酸性腐蚀品
警告	不燃气体,中闪点液体,一级易燃固体,二级自燃物品,二级过湿易燃物品,二级氧化剂,有毒品,二级酸性腐蚀品,一级碱性腐蚀品
注意	高闪点液体,二级易燃固体,有害品,二级碱性腐蚀品,其他腐蚀品

⑤ 防范说明,表述化学品在处置、搬运、储存和使用作业中所必须注意的事项和发生意外时简单有效的救护措施等,要求内容简明扼要、重点突出。

⑥ 供应商标识,供应商名称、地址、邮编和电话。

⑦ 应急咨询电话,填写化学品生产商或生产商委托的 24h 化学事故应急咨询电话。国外进口化学品安全标签上应至少有一家中国境内的 24h 化学事故应急咨询电话。

⑧ 资料参阅提示语,提示化学品用户应参阅化学品安全技术说明书。

⑨ 危险信息先后排序

a. 象形图先后顺序,物理危险象形图的先后顺序,根据《危险货物品名表》(GB 12268—2012)中的主次危险性确定。未列入 GB 12268—2012 的化学品,以下总是主危险:爆炸物、易燃气体、易燃气溶胶、氧化性气体、高压气体、自反应物质和混合物、发火物质、有机过氧化物。对于健康危害,按照以下先后顺序:如果使用了骷髅和交叉骨图形符号,则不应出现感叹号图形符号;如果使用了腐蚀图形符号,则不应出现感叹号来表示皮肤或眼睛刺激;如果使用了呼吸致敏物的健康危害图形符号,则不应出现感叹号来表示皮肤致敏物或者皮肤/眼睛刺激。

b. 信号词先后顺序。存在多种危险性时,如果在安全标签上选用了信号词"危险",则不应出现信号词"警告"。

c. 危险性说明先后顺序。所有危险性说明都应当出现在安全标签上,按物理危险、健康危害、环境危害顺序排列。

2.3.2　化学安全说明书

化学品安全技术说明书(safety data sheet for chemical products,

SDS),提供了化学品(物质或混合物)在安全、健康和环境保护等方面的信息,推荐了防护措施和紧急情况下的应对措施。在一些国家,化学品安全技术说明书又被称为物质安全技术说明书(material safety data sheet,MSDS),但在本书中统一使用化学品安全技术说明书(SDS)。

SDS 是化学品的供应商向下游用户传递化学品基本危害信息(包括运输、操作处置、储存和应急行动信息)的一种载体。同时化学品安全技术说明书还可以向公共机构、服务机构和其他涉及该化学品的相关方传递这些信息。SDS 旨在对化学品的安全、健康、环境方面的信息进行规范,建立统一的格式(例如术语、标题的编号和顺序),对如何提供化学品的信息作出具体规定。化学品安全说明书是了解危险化学品性能,有针对性地采取安全防范预防事故和正确有效地应急救援措施的必备文件,也是要求化学品供应商提供的一种技术服务,已在国际上达成共识。

2.3.3 化学性废物分类与处置

2.3.3.1 化学性实验废物及其容器

对化学性实验废物的科学分类是其后续有效处理的前提。化学品使用单位提供合适的容器是对化学性实验废物进行合理收集的有效保障。

(1) 化学性实验废物的分类

根据化学性实验废物的理化性质,可将其分为有害废物(危险化学物质)、废气、有机废液、无机废液、有机固体废物及无机固体废物等。

有害废物是指具有以下特性的废物:①易燃性;②腐蚀性;③毒性;④反应性;⑤放射性。对于这类有害废物必须分别收集储存于专门的容器中,并粘贴上醒目的标签,置于指定地点,及时处理,不可长时间存放,否则可能成为安全隐患。

(2) 化学性实验废物的容器

目前,国外高校均设有化学品管理办公室,为各种化学性实验废物的收集提供容器。这些化学性实验废物包括油脂类(松节油、润滑油、重油等)、含卤素有机溶剂、不含卤素有机溶剂、酸碱废液、金属离子溶液、氰化物、胶片定影剂和显影剂,以及凝胶废物。

标准化学性实验废物容器应符合以下要求:①坚固;②内壁材料不能与

化学性实验废物反应；③每一个化学性实验废物容器的外表面都应贴有两个标签，分别标明化学性实验废物的"名称"和"危险性"。实验人员须确保两份标签不脱落遗失。必须将一个塑料制的化学性实验废物日志夹与化学性实验废物容器附带在一起，并同时移交给专业的化学性实验废物处理部门。

2.3.3.2 化学性废物收集和储放

由于化学性实验废物的性状和危险性不同、数量不等，其收集和储放应遵循一些基本原则，以防止在这两个环节发生安全事故。

(1) 化学性实验废物收集原则

为防止化学性实验废物对实验室和室外环境的污染，化学性实验废物的一般收集原则是：分类收集，妥善存放；定期交由专业机构分别集中处理（无害化或回收有价物质）。在实际工作中，应选择合适的方法检测，尽可能减少化学性实验废物量及其污染。化学性实验废物排放应符合国家有关环境排放标准。

(2) 化学性实验废物收集和储存方法

根据性状，化学性实验废物可分为固体废物、液体废物和气体废物。固体废物可用塑料瓶、塑料袋、塑料桶或纸箱密封保存；液体废物可收集于塑料桶、无色或棕色玻璃瓶中密封保存；气体废物可吸收至合适的溶剂中，用棕色玻璃瓶密封保存，在通风管道的终端安装吸附材料，禁止有毒有害气体直接排放到大气。盛装废物的容器应存放于通风、避光、低温、干燥的专用房间或仓库。

(3) 化学性实验废物的混合

化学性实验废物的混合需按其主要成分分门别类，遵循以下原则：

① 含氰化物的废物要严格控制，全部倒入指定的废物容器中。

② 含有硼、汞和六价铬的废液也要全部倒入指定的废物容器中。如含有 1mol/L 的镍、1mol/L 的银和 0.5mol/L 的汞的水溶液必须倒入指定的汞废物容器中。

③ 对于沉淀或含金属元素溶液的废物，应根据不同的 pH 值倒入专用的酸或碱的废物容器中。对于 pH 值为中性的废料，则应倒入相应的碱性废物容器中。

④ 对于含有卤代物的废物，即使只含有少量的卤代物，也须全部倒入

专用的卤代物废物容器中。

⑤ 若一周内废弃的定影剂、显影剂和冲印剂不超过 5L,则可以将所有废料倒入"冲印剂"废物容器中。

⑥ 测试兼容性的步骤。不同化学性实验废物收集于同一容器前,须做兼容性测试。

⑦ 若 5~10min 内观测不到反应现象,就说明化学性实验废物能共存(兼容),可以将新产生的化学性实验废物倒入相应的化学性实验废物容器中。

⑧ 其他情况。对于可以明显区分的液相,如水相与有机相,则应该分别倒入相应的或是相近的化学性实验废物容器中。

(4) 化学性实验废物收集和储存注意事项

除遵守以上化学性实验废物分类收集和储存的规程外,还需注意以下事项。

① 若用旧试剂瓶收集液体废物,旧试剂瓶中的残余试剂不得与化学性实验废物发生化学反应。

② 化学性实验废物容器应有外包装箱;盛有化学性实验液体废物的玻璃容器应避免相互碰撞,否则可能破损,造成液体泄漏事故。

③ 酸存放时,应远离活泼金属(如钠、钾、镁等)、氧化性酸或易燃有机物、相混后会产生有毒气体的物质(如氰化物、硫化物等);碱存放时,应远离酸及一些性质活泼的物质;易燃物应避光保存,并远离一切有氧化作用的酸,或能产生火花火焰的物质,且储存量不可太多,需及时处理。

④ 化学性实验废物不得储放在通风橱、试剂柜、实验室内的过道旁或烘箱附近、走廊等处;不得随意丢弃于垃圾桶;储放化学性实验废物的地点不得对周围环境有影响或成为安全隐患。

⑤ 在实验室内,化学性实验废物不宜储放时间过长,尽可能在一两周内处理;特殊废物应立即处理。对于毒性大的废液,如硫醇、胺等能发出臭味的废液,能产生氰、硫化氢、磷化氢等有毒气体的废液,燃烧性强的二硫化碳、乙醚之类的废液等,必须及时、妥善处置。

⑥ 化学性实验废物搬运时应轻拿轻放;尤其是对于含有过氧化物、硝酸甘油、已过氧化的乙醚之类的爆炸性物质的废液,须更加谨慎。

2.3.3.3 化学性废物处置要求

化学性实验废物处置是实验人员日常工作的重要内容，必须高度重视，切实按照有关规程进行并落实到位。

（1）化学性实验废物产生者的责任

产生化学性实验废物的实验人员应向化学品管理办公室索取合适的废物容器，将废物安全地盛放于废物容器中。应及时、准确地填写"化学性实验废物日志"。在实验室中将化学性实验废物分门别类，存放于不同化学性实验废物容器中。将收集的化学性实验废物及时送至化学品管理办公室指定的地点。

（2）一般化学性实验废物的处置

实验室一般不对化学性实验废物进行现场的无害化处理。实验人员应根据前述的化学性实验废物的分类、收集原则和储放方法做好实验室每天所产生的化学性实验废物的清理工作，定期交由专业部门做后续的无害化处理。

（3）特殊化学性实验废物及其处置

① 特殊化学性实验废物的类型。一般实验活动涉及的特殊化学性实验废物包括以下几类：a. 反应活性较高的化学品；b. 遇水反应的化学品；c. 不能通过兼容性测试的废物；d. 废弃的化学品；e. 过期的化学品。所收集废物的物理状态可以是液体、固体和废渣。

② 特殊化学性实验废物的处置。尽可能将化学品存放在原容器中，若原容器不足，则可把其封装在塑料袋或能与之兼容的坚固容器中。处理封装好容器后，每个容器（内装按规定收集的特殊化学性实验废物）都必须附带一个"特殊化学性实验废物复核身份证明表"。填写时一定要用永久性不褪色黑笔。

为了确保这些化学品所固有的威胁得到有效控制，所在单位化学品管理人员应要求各部门认真审查并严格遵守这些规程：

① 可过氧化的化学品。当多种化学品暴露在空气中时，它们能够形成具有强爆炸性的过氧化的化合物。过氧化物形成的一个明显标志就是液体中的结晶现象。然而，在没有明显结晶的情况下，危险的过氧化物也具有危害性。在容器瓶盖和螺纹处可形成过氧化物结晶体。这些化学品应尽可能通过化学性实验废物管理部门进行统一处置。

② 苦味酸和其他多硝基化合物。苦味酸是实验室一种常用试剂，是一种相对安全的化合物。为了使其保持稳定，通常市售的苦味酸中添加了10％的水。当苦味酸失水干透或形成某些金属盐时，它会变得易爆。

③ 叠氮类化合物。包括叠氮钠、叠氮钾、叠氮有机物等，其使用和废弃处置须特别谨慎。如叠氮钠尽管不存在内在的不稳定性，但若受到污染或不正确使用时，也可形成极易爆炸的叠氮重金属。如果通过下水道排放叠氮钠溶液，则可在管道内形成叠氮铅或铜。请注意，不得将叠氮钠迅速加热或储存在有金属化合物的容器内。

2.3.3.4 特殊化学性废物处置

对于特殊化学性实验废物信息的记录，实验人员应做好以下工作：

① 与化学品管理办公室联系。a. 填写特殊化学性实验废物（废弃的或过期的）登记表，此表是那些废弃的或过期的化学药品所专用的。b. 填写特殊化学性实验废物（非兼容性的废物）登记表，此表专用于那些反应活性较高、水反应性的、无兼容性的化学性实验废物。

② 将填好的表送至化学品管理办公室。

③ 化学品管理办公室复阅已有的档案资料，并向危险废物处理公司提供信息。对于以特殊化学性实验废物方式处置花费较大的废物，环保部门将单独安排处理。

④ 依照环保部门的建议，危险废物处理公司将通知化学品管理办公室，由其制订待处理特殊化学性实验废物收集计划，并通知特殊化学性实验废物产生者。

⑤ 特殊化学性实验废物复核身份证明表可向化学品管理办公室索取，或从所在单位职能部门的网站下载。

2.4 危险化学品的个人防护与危险控制

2.4.1 危险化学品的个人防护

实验人员在工作过程中，化学喷溅事故时有发生，化学品可能会少量地飞溅到手上、脸上、眼睛或者身体的其他部位，引起化学腐蚀、化学吸收等伤害。为减小实验室人身伤害事故的发生概率，降低实验风险，保护实验人员的安全、健康，每位实验人员都需要做好个人防护。

(1) 眼睛及脸部的防护

① 全防护眼镜（眼睛及脸部是实验室中最易被事故所伤害的部位，因而对他们的保护尤为重要。实验室内，实验人员必须戴安全防护眼镜）。

② 化学物质溅入眼睛后，应立即用水彻底冲洗。冲洗时，应将眼皮撑开，小心地用自来水冲洗数分钟，再用蒸馏水冲，然后去医务室进行治疗。

③ 面部防护用具用于保护脸部和喉部。为了防止可能的爆炸及实验产生的有害气体造成伤害，可佩戴有机玻璃防护面罩或呼吸系统防护用具。

(2) 手的防护

① 在实验室中为了防止手受到伤害，可根据需要选戴各种手套。当接触腐蚀性物质、边缘尖锐的物体（如碎玻璃、木材、金属碎片）、过热或过冷的物质时，均须戴手套。

② 手套必须爱护使用，以确保无破损。防护手套主要有以下几种：

• 聚乙烯一次性手套：用于处理腐蚀性固体药品和稀酸（如稀硝酸）。但该手套不能用于处理有机溶剂，因为许多溶剂可以渗透聚乙烯，而在缝合处产生破洞。

• 医用乳胶手：该类手套用乳胶制成，经处理后可重复使用。由于这种手套较短，应注意保护你的手臂。该手套不适于处理烃类溶剂（如己烷、甲苯）及含氯溶剂（如氯仿），因为这些溶剂会造成手套溶胀而损害。

• 橡胶手套：橡胶手套较医用乳胶手套厚。适于较长时间接触化学药品。

• 帆布手套：一般用于高温物体。

• 纱手套：一般用于接触机械的操作。

(3) 身体的防护

① 所有人员不得穿凉鞋、拖鞋，严禁化学工作人员穿高跟鞋进入实验室。应穿平底、防滑、合成皮或皮质的满口鞋。

② 所有人员进入实验室都必须穿工作服，其目的是防止皮肤和衣着受到化学药品的污染。

③ 工作服一般不耐化学药品的腐蚀，故当其受到严重腐蚀后，这些工作服必须更换。

④ 为了防止工作服上附着的化学药品的扩散，工作服不得穿到其他公共场所如食堂、会议室等。

⑤ 每周清洗工作服一次。

2.4.2 危险化学品的危害控制

为尽可能减小危险化学品带来的危害，在实验过程中对于危险化学品的使用应遵循以下原则：

(1) 防止浪费

在实验中的每一个步骤里使用最少量的实验药品对防止浪费非常重要，更重要的是，它也是降低实验风险、保证实验室安全的有效策略。下面列出了防止浪费的一些方法。

① 计划好所需反应产物的量，并且只合成所需的量。

② 寻找可以有效减少实验步骤的合成路线。

③ 提高产率。

④ 将未用的原料储存好，以备他用。

⑤ 尽可能回收或再利用原料和溶剂。

⑥ 与那些可能用到同一种化学品的同事合作，分担花费。

⑦ 需要分析测试时，使用可实现的最灵敏的分析方法进行测量。

⑧ 比较自己合成和购买的成本及造成的危害，选择相对经济、环保的方式。

⑨ 将无毒的废物和有毒的废物进行分离。

(2) 用微型/微量试验替代常规试验

用小型或微型的试验替代常规试验，是减小危害的一种有效方法。在微量化学里，实验原料的用量控制在 25~100mg 的固体，或 10~200ml 的液体而普通实验一般要用 100~500ml 的液体或 10~50g 的固体。用微量试验代替常规试验，不仅可以节省原料和经费，而且还能降低发生火灾爆炸的概率及降低发生这些事故的严重性。

(3) 使用更安全的溶剂和药品

尽可能选择无毒和危险性低的药品进行实验能有效提高实验室的安全性。建议在实验开始前的设计阶段考虑如下问题：

① 能否使用低毒、低危险性的原料替代毒性大、危险性大的原料；

② 能否将那些产生较大反应毒害性废物的原料替换成产率高、反应三废少的原料。

在选择有机溶剂时，需要考虑如下问题：

① 避免使用能够产生生殖毒性、污染大气或有致癌性的溶剂；

② 选择安全性高的溶剂。

好的替代溶剂应符合如下特点：与被替代溶剂具有相似的物理化学性质（如沸点、闪点、介电常数等），同时更安全、健康、环保，且价格经济。

参考文献

[1] 危险化学品安全管理条例

[2] GB 6944—2009. 危险货物分类和品名编号[S].

[3] GB 13690—2009. 化学品分类和危险性公示通则[S].

[4] GB 15346—2012. 化学试剂包装及标志[S].

[5] 李勤华, 石磊, 孙欣, 等. 高校实验室化学品管理系统的研究与实践[J]. 实验技术与管理, 2017, 34（3）: 264-267.

[6] 秦坤, 付红, 孟宪峰, 等. 高校实验室危险化学品的安全管理[J]. 中国现代教育装备, 2016（1）: 24-26.

[7] 阳富强, 宋雨泽, 蔡逸伦. "5S"法在高校实验室安全管理中应用[J]. 实验室研究与探索, 2018, 37（7）: 313-317.

[8] 周国泰. 危险化学品安全技术全书[M]. 北京: 化学工业出版社, 2003.

[9] Nicholas P C, Tatyana A D. Fire and explosion hazards handbook of industrial chemicals[M]. New Jersey: Noyes Publications, 1998.

[10] 冯肇瑞, 杨有启. 化工安全技术手册[M]. 北京: 化学工业出版社, 1993.

第 3 章

实验室消防安全

　　火灾是高校实验室中最常见的安全事故，加强实验室消防安全教育是保证实验人员安全、科研顺利进行的前提。消防工作的方针是"预防为主，防消结合"，高校实验室要以预防为主，实验前应做好充足的物资准备，提高实验人员的消防安全意识。本章的内容包括四大部分：实验室消防设施与消防安全标志、实验室防火防爆、灭火常识与技术、消防安全疏散与自救逃生。掌握高校实验室消防知识可帮助实验人员查找实验中可能存在的安全隐患，采取防护应对措施，预防火灾和爆炸的发生。掌握消防技能可帮助实验人员在火灾爆炸发生时正确地应对，把损失降到最低。

3.1 实验楼消防设施与消防安全标志

3.1.1 实验楼消防设施

　　实验楼消防设施是实验楼内用于防范和扑救实验室火灾的设备设施的总称。常见的消防设施包括自动报警系统、灭火设施、安全疏散设施、防火分隔物等。

3.1.1.1 自动报警、灭火设施

　　（1）自动报警系统

　　自动报警系统一般由火灾探测器（烟感、温感、光感等）、区域报警器

和集中报警器组成,也可以根据要求与各种灭火设施和通信装置联动,形成中心控制系统,见图3-1。火灾产生的烟雾、高温和火光,可通过探测器转变为电信号报警或启动自动灭火系统,及时扑灭火灾。

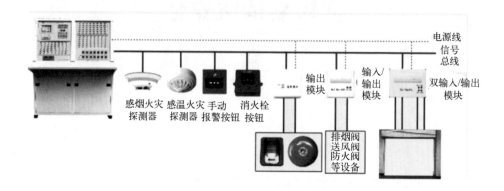

图3-1 火灾自动报警灭火系统

(2) 自动灭火系统

自动灭火系统主要有自动喷水灭火、自动气体灭火两大类。常用的为自动喷水灭火系统,由洒水喷头、报警阀组、水流报警装置(水流指示器或压力开关)等组件以及管道、供水设施组成,能在发生火灾时喷水灭火,如图3-2所示。

(3) 室内消火栓(箱)

室内消火栓(箱)是安装在实验楼内的消防给水管路上,由箱体、消火栓头、消防接口、水枪、水带(较高的实验楼通常还有消防软管卷盘)及消火栓按钮设备等消防器材组成的具有给水、灭火、控制、报警等功能的箱状固定式消防装置。

室内消火栓一般设置在实验楼走廊或厅堂等公共空间的墙体内,箱体玻璃上应标注醒目的"消火栓"红色字,如图3-3所示。

室内消火栓禁止被隔离在房间内。消火栓(箱)前禁止放置障碍物,以免影响消火栓门的开启。

(4) 灭火器

灭火器是可携式灭火工具,是扑救初起火灾的重要消防器材。

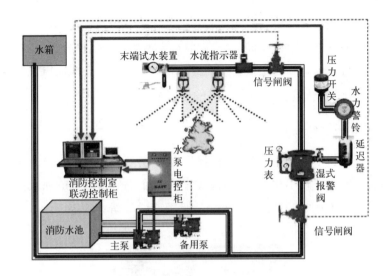

图 3-2 湿式自动喷水灭火系统示意图

图 3-3 室内消火栓

灭火器按其移动方式可分为手提式和推车式；按驱动灭火剂的动力来源可分为储气瓶式、压式、化学反应式；按所充装的灭火剂又可分为泡沫、干粉、卤代烷（对臭氧层有破坏作用，已禁止在非必要场所配置该型灭火器或灭火系统）、二氧化碳、酸碱、清水等。

常见的灭火器主要包括干粉灭火器、二氧化碳灭火器及泡沫灭火器等。

3.1.1.2 安全疏散设施

建立安全疏散设施是为了当实验楼内发生火灾时，能使实验楼内的人员尽快转移到安全区域（避难间等），同时也为消防人员提供有利的灭火条件。

安全疏散设施包括安全出口、疏散楼梯、疏散走道、消防电梯、火灾应急广播、防排烟设施、应急照明和安全指示标志等。

3.1.1.3 防火分隔物

防火分隔物是指在一定时间内能够阻止火势蔓延，且能把整个实验楼内部空间划分出若干较小防火空间的物体。常用的防火分隔物有防火门（见图3-4）、防火阀（见图3-5）、防火卷帘（见图3-6）、防火墙等。

图3-4　防火门

图3-5　防火阀

图 3-6　防火卷帘

3.1.1.4　其他设施

（1）防火分区

防火分区是指采用防火分隔措施划分出的、能在一定时间内防止火灾向同一实验楼的其余部分蔓延的局部区域（空间单元）。实验楼一旦发生火灾，防火分区可有效地把火势控制在一定的范围内，减少火灾损失，同时可以为人员安全疏散、灭火提供有利条件。

（2）防烟分区

防烟分区是指用挡烟垂壁、挡烟梁、挡烟隔墙等划分的可把烟气限制在一定范围的空间区域。发生火灾时，防烟分区可在一定时间内，将高温烟气控制在一定的区域之内，并迅速排出室外，以利于人员安全疏散，控制火势蔓延和减少火灾损失。

（3）防火间距

防火间距是指相邻两栋实验楼之间，保持适应火灾扑救、人员安全疏散和降低火灾时热辐射的必要间距。也就是指一幢实验楼起火，其相邻实验楼在热辐射的作用下，在一定时间内没有任何保护措施情况下，也不会起火的最小安全距离。建筑防火间距一般为消防车能顺利通行的距离，一般为 7m。

（4）消防通道

消防通道是指消防人员实施营救和被困人员疏散的通道。每个公民都应自觉保护消防设施，不损坏、擅自挪用、拆除、停用消防设施、器材，不埋压、圈占消火栓，不占用防火间距，不堵塞消防通道。

3.1.2 消防安全标志

消防安全标志是由安全色、边框、图像、图形、符号、文字所组成的,能够充分体现消防安全内涵、规模和消防安全信息的标志。

悬挂消防安全标志的目的是能够引起人们对不安全因素的注意,树立安全意识,预防发生事故。

3.1.2.1 消防安全标志的颜色

红色表示禁止;黄色表示火灾或爆炸危险;绿色表示安全和疏散途径;黑色、白色主要用于文字。

3.1.2.2 消防安全标志的内容

按照消防安全标志的不同功能,将消防安全标志分为火灾报警和手动控制装置标志、紧急疏散逃生标志、灭火设备标志、禁止和警告标志、方向辅助标志等,常见消防安全标志见表 3-1。

表 3-1 消防安全标志

(1)火灾报警装置标志			

消防按钮 标示火灾报警按钮和消防设备启动按钮的位置	发生警报器 标示发声警报器的位置	火警电话 指示在发生火灾时,可用来报警的电话及电话号码	消防电话 标示火灾报警系统中消防电话及插孔的位置
(2)紧急疏散逃生标志			

安全出口 提示通往安全场所的疏散出口		滑动开门 提示滑动门的位置及方向	推开 提示门的推开方向

续表

(2)紧急疏散逃生标志		

推开 提示门的拉开方向	击碎板面 提示需击碎板面才能取到钥匙、工具,操作应急设备或开启紧急逃生出口	逃生梯 提示固定安装的逃生梯的位置

(3)灭火设备标志			
灭火设备 标示灭火设备集中存放的位置	手提式灭火器 标示手提式灭火器的位置	推车式灭火器 标示推车式灭火器的位置	消防炮 标示消防炮的位置
消防软管卷盘 标示消防软管卷盘、消火栓箱、消防水带的位置	地下消火栓 标示地下消火栓的位置	地上消火栓 标示地上消火栓的位置	消防水泵接合器 标示消防水泵接合器的位置

(4)禁止和警告标志			
禁止吸烟 表示禁止吸烟	禁止烟火 表示禁止吸烟或各种形式的明火	禁止放易燃物 表示禁止存放易燃物	禁止燃放鞭炮 表示禁止燃放鞭炮或焰火

续表

(4)禁止和警告标志			
禁止用水灭火 表示禁止用水作灭火剂或用水灭火	禁止阻塞 表示禁止阻塞的指定区域(如疏散通道)	禁止锁闭 表示禁止锁闭的指定部位(如疏散通道和安全出口的门)	当心易燃物 警示来自易燃物质的危险
当心氧化物 警示来自氧化物的危险	当心爆炸物 警示来自爆炸物的危险,在爆炸物附近或处置爆炸物时应当心	—	—
(5)方向辅助标志			
疏散方向 指示安全出口的方向。箭头的方向还可为上、下、左上、右上、右、右下等		火灾报警装置或灭火设备的方位 指示火灾报警装置或灭火设备的方位。箭头的方向还可为上、下、左上、右上、右、右下等	

3.2 实验室防火防爆

3.2.1 实验室常见火灾爆炸事故原因

实验室因面向各学科各专业的实验教学,所以会涉及众多化学试剂、实验药品及材料、仪器设备与设施,如果使用和管理不当,很容易产生安全隐患,导致火灾、爆炸等事故的发生。

尤其是在实验室进行正常教学和科研实验的过程中,会涉及很多产生、供给能量的设备仪器加工,处理危险物质的装置、设备,场所能量聚集或突然释放的设备仪器,例如压力容器、反应釜、加热炉等。这些仪器设备在使用时会涉及热能、电能、机械能、化学能、势能等能量形式。除此之外,实验室引发火灾爆炸事故不可忽视的因素就是火源,无论是仪器设备正常使用过程的火源,还是电气火花、摩擦撞击火花以及外来火源都具有热能,任意能量一旦失去控制就会形成超压转化为机械能对外做功引起爆炸,或形成热能引发火灾事故。

据统计分析,导致高校实验室火灾爆炸事故发生的原因可分为以下5类。

① 实验室消防管理不到位,违反消防安全的现象时有发生。例如,不按防火要求使用明火,引燃周围易燃物品;氧气钢瓶和氢气钢瓶放在一起。

② 实验室用电不当,电气设备超负荷运转,线路老化、短路等。例如:忘记关电源,致使设备或用电器具通电时间过长,温度过高引起着火。

③ 易燃、易爆化学品储存或使用不当。例如,在使用和制备易燃、易爆气体时,如氢气、乙炔等,不在通风橱内进行,或在其附近点火,通风不良,造成易燃气体聚积,达到爆炸极限,一旦遇到火源(如雷电火花、电气火花、静电火花、撞击火花以及其他点火源),则可能导致火灾爆炸事故的发生。常见易燃易爆气体在空气中爆炸极限见表3-2。

表3-2 常见易燃易爆气体在空气中的爆炸极限

编号	名称	爆炸极限/%	编号	名称	爆炸极限/%
1	氢气	4.1~75	7	丙酮	2.5~12.8
2	乙炔	2.5~82	8	甲醇	6~36.5
3	二硫化碳	1.3~50	9	乙醇	3.3~19
4	乙醛	4~57	10	1-丙醇	2.1~13.5
				2-丙醇	2.0~12.7
5	一氧化碳	12.5~74.2	11	苯	1.2~8
6	乙醚	1.7~49	12	二噁烷	2~22.2

④ 实验操作不当,引燃化学反应生成的易燃、易爆气体或液态物质。例如,随便混合化学药品,氧化剂和还原剂的混合物在受热、摩擦或撞击时会发生爆炸。表3-3列出不能混合的常用化学药品。

表 3-3　不能混合的常用化学药品

化学药品名称	不能与之混合的化学药品名称
碱金属及碱土金属,如钾、钠、锂、镁、钙、铝等	二氧化碳、四氧化碳及其他氯代烃,钠、钾、锂禁止与水混合
醋酸	铬酸、硝酸、羟基化合物,乙二醇类、过氯酸、过氧化物及高锰酸钾
醋酸酐	同铬酸、硝酸、羟基化合物、乙二醇类、过氯酸、过氧化物、高锰酸钾、硫酸、盐酸、碱类
乙醛、甲醛	酸类、碱类、胺类、氧化剂
丙酮	浓硝酸及硫酸混合物,氟、氯、溴
乙炔	氟、氯、溴、铜、银、汞
液氨(无水)	汞、氯、次氯酸钙(漂白粉)、碘、氟化氢
硝酸铵	酸、金属粉末、易燃液体、氯酸盐、硝酸盐、硫磺、有机物粉末、可燃物质
溴	氨、乙炔、丁二烯、丁烷及其他石油类、碳化钠、松节油、苯、金属粉末
苯胺、氧化钙(石灰)	硝酸、过氧化氢(双氧水)、氯水
活性炭	次氯酸钙(漂白粉)、硝酸
铜	乙炔、过氧化氢

⑤ 高温仪器设备或静电防护不当引燃易燃物品。例如,烘箱、马弗炉等大功率加热设备周围严禁存放易燃物;产生、使用易燃、可燃液体、气体和粉尘的设备,由于未设置静电导除装置或接地不良等原因,造成静电电荷积聚、放电打火而引起火灾、爆炸事故。

3.2.2　实验室火灾爆炸事故预防措施

预防火灾爆炸事故（以下简称火爆灾害）的措施分为两大类：消除导致火灾爆炸事故的能量条件（即点火或引爆能源）以及消除导致火灾爆炸事故的物质条件（即可燃物与氧化剂的结合）。

3.2.2.1　消除着火源

着火源是物质燃烧必备的条件之一,它是火灾的引发因素。在多数情况下,助燃物的存在是不可避免的,因此控制或消除引发火灾的着火源就成为防火防爆的关键。

消除着火源的措施很多，主要列举如下。

① 消除和控制明火。在有火灾爆炸危险的场所，应有醒目的"禁止烟火"标志。严禁在实验室内吸烟；进入危险区的人员，应按实验室规定使用火源，严禁随意携带火柴、打火机等；消除物体和环境的危险状态，如使用明火，注意附近的易燃易爆试剂，确保安全无误后，方可动火作业。动火过程中，必须遵守安全技术规程。加热可燃物时，应避免采用明火，宜使用水蒸气、热水或者其他封闭式电炉。

② 防止电气火花。采取有效措施，防止电气线路和电气设备在开关断开、接触不良、短路、漏电时产生火花；防止静电放电火花；防止雷电放电火花。

③ 防止撞击火星和控制摩擦热。对机械轴承等转动部位应及时加油，保持良好润滑，经常注意清扫附着的可燃污物，防止机械轴承因缺油、润滑不均等，引起附着可燃物着火；在有爆炸危险的场所，应使用有色金属或防爆合金材料制作的工具；进入有爆炸危险的场所，禁止穿带铁钉的鞋，地面应用摩擦撞击时不产生火花的材料铺筑。

④ 防止高温表面引起着火。一些反应器的加热装置、高温物料容器或者管道以及高温反应器、塔等，表面温度都较高；其他常见的高温表面还有通电的白炽灯泡、因机械摩擦导致发热的转动部分、烟筒烟道、熔融金属等。若可燃物与高温表面接触或者接近时间较长，就可能被引燃。对一些自燃点较低的物质，尤其需要注意。为防止发生这类火灾，应对高温表面隔热，可燃气排放口应远离高温表面。此外，还应当注意清除高温表面的油污等，以防止它们受热分解、自燃。

⑤ 热射线（日光）。直射的太阳光通过凸透镜，弧形、有气泡或者不平的玻璃后，都会被聚焦形成高温焦点，可能会点燃可燃物。为此，有爆炸危险的实验室用房必须采取遮阳措施，如将门窗玻璃涂上白漆或者采用磨砂玻璃等。

⑥ 防止电气火灾爆炸事故。由于电气方面的原因引起的火灾爆炸事故，详见本书第四章。

⑦ 消除静电火花。静电指的是相对静止的电荷，是一种常见的带电现象。在一定条件下，两种不同物质（其中至少有一种是电介质）相互接触、摩擦，就可能产生静电并积聚起来，形成高电压。若静电能量以火花形式放出，则可能引起火灾爆炸事故。在石油化工实验室，塑料、化纤等合成材

料、橡胶及其制品加工、纺织新材料等课题组的实验室，都可能发生静电引起的火灾爆炸事故。

⑧ 预防雷电火花引发火灾爆炸事故。雷电是自然界的静电放电现象。雷电所产生的火花温度之高可以熔化金属，也是引起火灾爆炸事故的祸根之一。粉尘爆炸实验室、企业喷涂车间、家具加工厂等场所因遭受雷击导致火灾爆炸事故，在国内外都有发生，一般都损失惨重。

⑨ 防止因可燃气绝热压缩而着火。可燃气绝热压缩使温度急剧上升，从而导致自燃着火。

3.2.2.2 控制可燃物

物质是燃烧的基础，控制可燃物，就是使可燃物达不到燃爆所需要的数量、浓度，从而消除发生燃爆的物质基础，防止或减少火灾的发生。

控制可燃物的措施主要有以下几种。

① 尽量不使用或少使用可燃物。通过改进生产工艺或者改进技术，以不燃物或者难燃物代替可燃物或者易燃物，以燃爆危险性小的物质代替危险性大的物质，这是防火防爆的一条根本性措施，应当首先加以考虑。比如，以阻燃织物代替可燃织物；较为常见的情况，是以不燃或者难燃溶剂代替可燃或者易燃溶剂。一般说来，沸点较高（110℃）的液体，常温下（20℃左右）不会达到爆炸极限浓度，使用起来比较安全。以不燃或难燃物料取代可燃或易燃材料，提高实验楼耐火等级。

② 加强通风，使可燃气体、蒸气或粉尘达不到爆炸极限。通风排气口的设置要得当，对比空气轻的可燃气体或粉尘，排风口应设在上部；对比空气重的可燃气体或粉尘，排风口应设在下部。通风设备本身应防爆，安装位置应有利于新鲜空气与可燃气体交换，防止可燃气体循环使用。对于一些生产系统或设备无法密闭或者无法完全密闭的，设置通风除尘装置以降低空气中可燃物浓度。要确保将可燃物浓度控制在爆炸下限以下。实验室内应安装必要的排风系统。

③ 密闭可燃物或设备，防止可燃物质挥发、泄漏及空气渗入设备。许多可燃物质具有流动性和扩散性。盛装涂料、熔剂、油料的容器，若密闭件不好，就会出现"跑、冒、滴、漏"现象，导致发生燃烧、爆炸事故。应注意，已密闭的正压设备或系统要防止泄漏，负压设备及系统要防止空气的渗入。

3.2.2.3 隔绝空气

在必要时可以使实验在真空条件下进行，或在设备容器中安装惰性介质保护。惰性气体有氮、氖、氩、氪、氙等。就防火防爆而言，常用的是氮气和水蒸气，有时还可以用烟道气。这些气体通常可以认为是不燃气体。在存有可燃物料的系统中，加入惰性气体，使可燃物及氧气浓度下降，可以降低或消除燃爆危险性。例如，水入电石式乙炔发生器在加料后，应采用惰性介质氮气吹扫；将钠存放在煤油中、黄磷存放在水中等；燃料容器在检修前，用惰性介质置换等。

3.2.2.4 防止形成新的燃烧条件

阻止火势蔓延，就是阻止火焰或火星窜入有燃烧爆炸危险的设备或管道中，或者把燃烧限制在一定范围内不致向外传播。其目的是减少火灾危害，把火灾损失降到最低程度。这主要是通过设置阻火装置或建造阻火设施来达到。如在可燃气体管路上安装阻火器、安全水封；在压力容器设备上安装防爆膜、安全阀；在建筑物之间留防火间距、筑防火墙等。

3.2.2.5 加强可燃物质的管理

对燃爆危险品的使用、储存、运输等，都要根据其特性采取有针对性的防范措施。表 3-4 列出了固体的燃爆危险性及其安全措施要点。

表 3-4 固体的燃爆危险性及其安全措施要点

物质分类	危险特性	物质举例	防火类别	储存及处理注意事项
易燃固体	易燃烧,受明火、热、撞击、摩擦、电火花或氧化剂作用易燃烧	(1)一级易燃固体:赤磷、硝化棉、电影胶片 (2)二级易燃物质:樟脑、硫黄、松香、火柴	甲类 乙类	(1)在储存及处理现场及其附近,严禁烟火; (2)密封储存,防止泄漏; (3)不得与氧化剂共同储存; (4)数量较多时,应按规定分隔储存; (5)室温不超过 36℃,理想温度在 20℃以下; (6)储存及处理场所中要备有灭火设施; (7)硝化棉最好单独储存,含水率不得低于 20%

续表

物质分类	危险特性	物质举例	防火类别	储存及处理注意事项
自燃性物质	在空气中能发生氧化作用,能引起燃烧爆炸	(1)一级自燃物质:黄磷; (2)二级自燃物质:硝化纤维、油纸、油布	甲类	(1)密封储存,不能直接接触空气; (2)与其他危险品隔离储存; (3)库房应阴凉、通风、干燥; (4)处理时要使用防护用具,避免直接与皮肤接触; (5)黄磷应浸入水中储存
遇水燃烧物质(忌水性物质)	与水或潮湿空气接触,能产生可燃气体,放热而引起燃烧	(1)一级遇水燃烧物质:锂、钾、钠、氧化钾、电石; (2)二级遇水燃烧物质:保险粉、锌粉、氢化铝	甲类	(1)金属钾、钠、锂要浸在煤油中储存,不能遇水、空气、湿气,用密封的铁桶盛装; (2)库房保持干燥; (3)可以与氧化剂共同存放,不可与其他类危险品共同存放; (4)处理中要避免直接接触皮肤
强氧化剂	遇强酸、强碱、受潮、冲击、摩擦、受热等作用,或者与还原剂接触,能分解、燃烧,甚至爆炸	(1)一级氧化剂:氯酸钾、硝酸钾、过氧化物; (2)二级氧化剂:过硫酸盐、重铬酸盐、亚硝酸盐	乙类	(1)避免与还原性强的物质、所有有机化合物、可燃物接触; (2)避免与强酸、强碱结合、接触; (3)一、二级氧化剂要分别储存; (4)库房阴凉通风,最高不得超过30℃,理想温度为20℃以下; (5)过氧化氢储存温度不得超过25℃,遇水发热
腐蚀性物质	对人体皮肤有强烈刺激和腐蚀作用	(1)一级酸性腐蚀物:硝酸、硫酸、溴素; (2)二级酸性腐蚀物:盐酸、冰乙酸、醋酐; (3)碱性腐蚀物:生石灰、苛性钠; (4)其他腐蚀物:碘、苯酚、漂白粉	丙类	(1)库房阴凉通风; (2)不得与其他危险品共同存放; (3)冰乙酸储存温度不得低于6℃; (4)处理时防止皮肤接触; (5)处理时应戴防护眼镜,以免溅入眼内。若溅入眼内,立即用大量清水冲洗15min后,找医生处理

3.3 灭火常识与技术

3.3.1 灭火的基本方法

根据物质燃烧原理及灭火的实践经验,灭火的基本方法有以下4种。

(1) 隔离法

将周围的可燃物与燃烧的物体隔开,燃烧会因缺少可燃物而终止。例如,搬离靠近火源的可燃、易燃、易爆和助燃的物品;把着火的物体移至安全地带;掩盖或阻挡流散的易燃液体;关闭可燃气体、液体管道的阀门,阻断可燃物进入燃烧区域等。

(2) 窒息法

阻止空气进入燃烧区域或用不燃物降低燃烧区域的空气浓度,使燃烧缺氧而熄灭。例如,用灭火毯、沙土、湿帆布等不燃或难燃物覆盖燃烧物;封闭着火房间门窗、设备的孔洞等。二氧化碳灭火剂有隔绝空气、窒息灭火的作用。

(3) 冷却法

将灭火剂直接喷射到燃烧物上,以降低燃烧物的温度至燃点以下,使燃烧终止;或者将灭火剂喷洒在火源附近的可燃物上,防止热辐射引燃周边物质。例如,用水或二氧化碳扑灭一般固体的火灾,通过大量吸收热量,迅速降低燃烧物温度,使火熄灭。

(4) 抑制法

将化学灭火剂喷射至燃烧区,参与燃烧的化学反应,使其反应过程中产生的游离基消失,连锁反应中断,从而使燃烧终止。干粉灭火剂具有抑制火势的作用。

3.3.2 灭火器的选择、使用和保养

3.3.2.1 灭火器的选择

应按火灾类别和灭火器的适用性来选择灭火器,各种灭火器的适用性见表 3-5。由表 3-5 可知:

1) 扑灭 A 类火灾,应选用水、泡沫、磷酸盐干粉、卤代烷型灭火器。

2) 扑灭 B 类火灾,应选用水、泡沫、卤代烷、二氧化碳型灭火器。但扑灭极性溶剂 B 类火灾不得选用化学泡沫灭火器,因为醇、醛、酮、醚、酯等极性溶剂与化学泡沫接触时,泡沫的水分会被迅速吸收,使泡沫很快消失,这样就不能起到灭火作用。

3）扑灭C类火灾，应选干粉、卤代烷、二氧化碳型灭火器。

4）扑灭D类火灾，即轻金属燃烧的火灾，国外多采用粉状石墨灭火器和扑灭金属火灾的专用干粉灭火器，氯化物干粉灭火器。

5）扑灭E类火灾，应选卤代烷、二氧化碳、干粉型灭火器。

6）扑灭F类火灾，千万不能用水基型灭火器，应选泡沫灭火器，或用锅盖扑灭。

扑灭A、B、C、E火灾，应首先选磷酸盐干粉、卤代烷型灭火器。

表3-5 灭火器的适用性表

灭火器类型		水型		干粉型			泡沫型	卤代烷型		二氧化碳
		清水	酸碱	磷酸铵盐	碳酸氢钠	氯化物	空气、化学泡沫	1211	1301	
灭火种类	A类火灾	适用	适用	适用	不适用	不适用	适用	适用	适用	不适用
	B类火灾	不适用	适用	适用	适用	不适用	适用	适用	适用	适用
	C类火灾	不适用	不适用	适用	适用	不适用	不适用	适用	适用	适用
	D类火灾	不适用	不适用	不适用	不适用	适用	不适用	不适用	不适用	不适用
	E类火灾	不适用	不适用	适用	适用	不适用	不适用	适用	适用	适用
	F类火灾	不适用	不适用	适用	不适用	不适用	适用	不适用	不适用	不适用

注：A类火灾：固体物质火灾。这种物质通常具有有机物性质，一般在燃烧时能产生灼热的余烬；

B类火灾：液体或可熔化的固体物质火灾；

C类火灾：气体火灾；

D类火灾：金属火灾；

E类火灾：带电火灾。物体带电燃烧的火灾；

F类火灾：烹饪器具内的烹饪物（如动植物油脂）火灾。

3.3.2.2 灭火器的使用

（1）水基灭火器

水基灭火器（Foam extinguisher），为绿色外观的灭火器，其灭火器机理为物理性灭火器原理，其主要成分包括碳氢表面活性剂、氟碳表面活性剂、阻燃剂和助剂等。这些成分使得其在扑灭固体或液体火灾时具备了优势。水基灭火器在喷射后，呈水雾状，瞬间蒸发火场大量的热量，迅速降低火场温度，抑制热辐射，表面活性剂在可燃物表面迅速形成一层水膜，隔离氧气，降温、隔离双重作用，同时参与灭火，从而达到快速灭火的目的。水基灭火器包括清水灭火器、酸碱灭火器及强化液灭火器，所充装的灭火剂分别为清水、酸碱水液及强化水液，下面仅简单介绍一下常用的水基灭火器。

清水灭火器是水基灭火器的一种，用符号 MSQ 表示，常用的型号为 MSQ9，容积为 9L。MSQ9 清水灭火器为手提式，主要由筒体、筒盖、储气瓶吸管及开启机构等构成，在筒盖上设有保险帽，见图 3-7。MSQ9 清水灭火器利用装在筒内储气瓶气体的压力将筒内的清水喷出灭火，加压气体为二氧化碳，其技术性能见表 3-6。

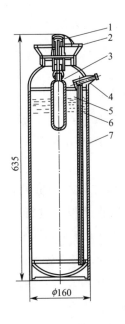

图 3-7 清水灭火器结构（单位：mm）
1—保险帽；2—提环；3—储气瓶；4—喷嘴；5—水位；6—虹吸管；7—筒体

表 3-6 MSQ9 清水灭火器技术性能

型号	灭火剂量/L	有效喷射时间/s	有效喷射距离/m	喷射滞后时间/s	充装系数/(kg/L)	喷射剩余率/%	灭火级别（A类）	适用温度/℃
MSQ9	9	≥50	≥7	≤5	≤0.9	≤10	8A	4～55

使用方法：灭火时，在距离燃烧物 10m 左右，将灭火器直立放稳，取下保险帽，用力打击一下凸头，这样，弹簧打击机构刺穿储气瓶口的密封片，储气瓶中的二氧化碳气体就会喷到筒体内，产生压力，使清水从喷嘴喷出灭火。此时应立即用一只手提起灭火器上的提环，另一只手托住灭火器底圈，将喷射的水流对准燃烧最猛烈处喷射。随着水流喷射距离的缩短，使用者应逐步向燃烧物靠近，使水流始终射在燃烧处，直到扑灭。

注意事项：使用清水灭火器时，千万不可倒置或横卧，否则将喷不出水来。

(2) 干粉灭火器

具有流动性好、喷射率高、不腐蚀容器和不易变质等优点，对大小火灾均可使用。除可用来扑灭一般火灾外，还可用来扑灭油、气等燃烧引起的火灾。但使用后，清除粉末时，对器材有轻微的损伤。手提式干粉灭火器使用方法如下。

① 取出手提式干粉灭火器，看压力表指针是否在绿色区域；

② 一手握住干粉灭火器的提把，手提或肩扛快速赶到火灾现场；

③ 使用前，将灭火器上下颠倒几次，使筒内干粉预先松动，之后除去铅封，拔掉保险销；

④ 站在火焰上风或斜上风方向 2～3m 处，一手握住胶管上喷嘴，另一只手紧握压把用力下压，对准火焰根部进行左右摆动扫射并且随着射程缩短，应走近燃烧物或围绕火焰喷射干粉覆盖整个燃烧区。

推车式干粉灭火器移动方便，灭火效果好，其使用方法如下。

① 拉出推车式灭火器，看压力表指针是否在绿色区域；

② 把推车式灭火器拉到火灾现场；

③ 使用前，上下颠倒摇晃几次，使筒内干粉预先松动，一手抓着喷粉枪，另一只手顺势展开喷粉胶管，直至平直，不能弯折或打圈，之后除去铅封，拔掉保险销，打开喷管处阀门；

④ 左手持喷粉枪管托，右手持枪把，用手指扣动喷粉开关，对准火焰喷射，不断靠前左右摆动喷粉枪，把干粉笼罩在燃烧区，直至把火扑灭为止。

(3) 泡沫灭火器

泡沫灭火器与二氧化碳灭火器相似，它是由碳酸氢钠溶液和硫酸铝溶液作用，并加有泡沫剂。起火时，将灭火器翻转，使几种药液混合，即产生二氧化碳气体和氢氧化铝泡沫，直喷火场，这些泡沫像棉被一样，将燃烧物包住，使火熄灭。比二氧化碳灭火效果更强，适用于除电器起火之外的火灾。

为了保证灭火工作，应注意以下几点：

① 灭火器应挂在最显眼的地方，但不得过高，以便容易取用；

② 喷嘴必须定期检查，以防堵塞。因堵塞后很危险，不但用时不能灭火，而且内部产生巨大的压力，将外壳炸裂，造成人身事故；

③ 内装药液经过一定时间后应进行更换，否则失效；

④ 平时请勿摇动，且要防冻防热。

泡沫灭火器的使用方法如下。

① 右手握住泡沫灭火器的压把，左手托其底部，拿出灭火器；

② 一手握住干粉灭火器的提把，手提快速赶到火灾现场；

③ 右手捂住喷嘴，左手执筒底边缘，把灭火器以垂直状态颠倒过来，用劲上下摇晃几下，然后放开喷嘴；

④ 右手抓筒耳、左手抓筒底边缘，把喷嘴朝向燃烧区，站在离火源 8m 的地方喷射，并不断前进，围着火焰喷射，直到把火扑灭；

⑤ 灭火后，把灭火器卧放在地上，喷嘴朝下。

(4) 二氧化碳灭火器

适用于有机溶剂着火或由电引起的火灾等的灭火。使用二氧化碳灭火器，在开始发生火灾时，是非常有效的，灭后之后的危害也较小。其使用方法如下。

① 右手握住二氧化碳灭火器的压把，拿出灭火器；

② 一手握住二氧化碳灭火器的提把，快速赶到火灾现场；

③ 除去铅封，拔掉保险销；

④ 站在距火源 2m 的地方，左手拿着喇叭筒，右手用力压下压把，对着火焰根部喷射，并不断前进，直到把火焰扑灭。

无论哪种类型灭火器，在实际应用中，都应始终遵守以下三点原则。

① 在室外灭火时，应注意风向，站在上风位置，这样既有利于火的扑灭，又能保护自己不被火烧伤。

② 灭火时一定要掌握好灭火的距离，防止离火源太近，将人烧伤，应根据实际情况，站在离火源较远的地方将灭火器打开，一边向前喷射，一边

向前移动，并围绕火源喷射，就可迅速将火扑灭。

③灭火时应将灭火器对准火源根部喷射，用灭火器扑救液体火灾时，不能直接冲击液体表面，防止喷溅形成新的火点，造成灭火困难。

3.3.2.3 灭火器的性能及保养

常见灭火器的性能及保养如表3-7所示。

表3-7 常见灭火器的性能及保养

灭火器种类	泡沫灭火器	二氧化碳灭火器	干粉灭火器
规格	10L 65～130L	2kg以下 2～3kg 5～7kg	8kg 50kg
药剂	钢筒内装有碳酸氢钠、发泡剂和硫酸铝溶液	瓶内装有压缩成液态的二氧化碳	钢筒内装有钾盐或钠盐干粉，并备有盛装压缩气体的小钢瓶
效能	10L喷射时间60s，射程8m，65L喷射时间170s，射程13.5m	与着火地点保持3m距离	8kg喷射时间14～18s，射程4.5m，50kg喷射时间50～55s，射程6～8m
保养与检查	(1)防止喷嘴堵塞 (2)冬季防冻，夏季防晒 (3)每年检查一次，泡沫低于25%，应换药	每月检查一次，当重量小于原重量10%时，应充气	(1)放在干燥通风处，防潮防晒 (2)每年检查一次气压，若重量减少为原重量10%时，应充气 (3)每年检查二次干粉是否结块，若有结块要及时更换

3.4 消防安全疏散与自救逃生

3.4.1 实验室安全疏散

实验室的安全出口数量，走道、楼梯和门的宽度以及到达疏散出口的距离等，都必须符合防火设计要求。同时，还应做好各种情况下的安全疏散准备工作，以适应火灾时安全疏散的需要。

3.4.1.1 疏散方法

发生火灾时，应立即向消防队报警，同时通报实验室及系、院、所负责人。有关负责人听到警报后，应按计划进入指定位置，立即组织人员疏散。在消防队未到达火场之前，着火实验室的领导和工作人员，就是疏散人员的领导者和组织者。火场上受火势威胁的人员，必须服从领导、听从指挥，使火场有组织有秩序地进行疏散。公安消防队到达火场后，由公安消防指挥员组织指挥。着火实验室的领导和工作人员应主动向公安消防队汇报火场情况，积极协助公安消防队，做好疏散工作。

3.4.1.2 安全疏散注意事项

为了保证安全疏散，应注意以下事项。

（1）保持安全疏散秩序

在引导疏散过程中，应始终把疏散秩序和安全作为重点，尤其要防止出现拥挤、践踏、摔伤等事故。遇到只顾自己逃生，不顾别人死活的不道德行为和相互践踏、前拥后挤的现象，要想方设法坚决阻止。同时要制止疏散中乱跑乱窜、大喊大叫的行为，因为这种行为不但会消耗大量体力，吸入更多的烟气，还会妨碍别人的正常疏散和诱导混乱。

（2）应遵循疏散顺序

疏散应以先着火层，后以上各层、再下层的顺序进行，以安全疏散到地面为主要目标。优先安排受火势威胁最大及最危险区域内的人员疏散。建筑物火灾中，一般是着火楼层内的人员遭受烟火危害最重。如疏散不及时，极易发生跳楼、中毒、昏迷、窒息等现象和症状。因此，当疏散通道狭窄或单一时，应首先救助和疏散着火层的人员。着火层以上各层是烟火即将很快蔓延波及的区域，也应作为疏散重点尽快疏散。相对来说，下面各层较为安全，不仅疏散路径短，火势殃及的速度也慢，能够容许留有一段安全疏散时间。分轻重缓急按楼层疏散，可大大减轻安全疏散通道压力，避免人流密度过大、路线交叉等原因所致的堵塞、践踏等恶果，保持疏散有序进行。

（3）发扬团结互助的精神

火灾中善于保护自己顺利逃生是重要的，但也要发扬团结互助的精神，尽力救助更多的人撤离火灾危险境地。

(4) 疏散、控制火势和火场排烟应同时进行

在进行疏散时,要同时组织力量利用楼内消火栓、防火门、防火卷帘等设施控制火势,启用通风排烟系统降低烟雾浓度,阻止烟火侵入疏散通道,及时关闭各种分隔设施,为安全疏散创造有利条件,使疏散行动进行得更为顺利、安全。

3.4.2 自救逃生与火场救人

3.4.2.1 火场自救逃生

一场火灾降临,你能否成为幸存者,固然与火势的大小、起火时间、楼层高度和建筑物内有无报警、排烟、灭火设施等因素有关,还与被困者的自救能力以及是否懂得逃生的步骤和方法等因素有密切关系。在实施逃生行动之前,一定要强制自己保持头脑冷静,根据周围环境和各种自然条件,选择逃生方式。

火场自救逃生应当牢记以下12个注意事项,分别为:①熟悉所处的环境;②及时灭火、及时逃生;③保持镇静,明辨方向,迅速撤离;④简易防护,蒙鼻撤离;⑤善用通道,莫入电梯;⑥充分利用各种逃生器材;⑦利用自然条件逃生;⑧避难场所,固守待援;⑨缓晃轻抛,寻求救援;⑩滚向墙边;⑪火已及身,切勿惊跑;⑫高层跳楼,九死一生。

3.4.2.2 火场救人

火场外人员需要进入烟火封锁区域实施救助疏散时,必须佩戴面罩、呼吸器具、导向绳、照明和通信器材等安全防护器具,并应在喷雾射流的掩护下,直接冲入被困人员房间、部位,采用各种可能的但必须是安全的方法,进行搜寻和营救。

救助中如果安全疏散通道被烟火封堵,应以水枪开路,扑压明火、烟雾和防止轰燃发生。当有较多的人需穿过被烟封锁的通道时,则应在人流之前,以喷雾水流排烟、降温掩护疏散。在人流之后,以开花水流降温和阻止烟火跟进。当在走廊用喷雾水流排烟时,喷雾遮盖面应将走廊截面全面封住为宜。

处于房间窗口和阳台上的被困人员,当被烟雾笼罩,又暂时不能获得求

助疏散时，救助人员应快速进入房间内，利用喷雾水流向房间外驱烟。可使房门半掩，以防烟气倒流。待房间烟气稀少后，关闭房间门并封堵缝隙，防止烟气渗入，并可向房门射水降温，保护其不被烧穿，借以保护困于窗口和阳台上的人员不受烟气侵害。此时，如果房间内烟火共存，最好以喷射高倍数泡沫的方式，达到排烟、灭火和降温的目的。

救助中应以喊话、手摸、耳听、照明等方式，认真查找可能躲藏人的部位，发现一个救一个。如在着火层或以上楼层发现被困人员，安全通道无法利用时，则应利用阳台、窗口，尽可能地采用安全绳、拉梯、挂钩梯等工具向下层安全地点疏散；如无可能，则应向上层安全区域或避难间、楼顶平台转移。人员少时也可利用消防电梯运送。

对于站在阳台、窗口等处呼救的被困人员，要采取外部救人的方法，如利用救生袋、梯桥、外楼梯、缓降器、救生滑梯、云梯车、曲臂登高车、滑绳自救等方式从外部展开救护。如被困人员位于楼顶平台，则可用直升机或临时连接于另一建筑物的滑绳、缆车等救助。对于楼层不高的顶层人员，还可利用软梯、墙梯、救生索、安全绳、救生气垫、救生网、缓降器等救生器材救助。

总之，应根据被困人员所处的位置、环境状况、受威胁的程度，灵活利用建筑物的特点、救生器具和各种可能的方法，积极开展施救行动。

参考文献

[1] 姜忠良. 实验室安全基础[M]. 北京：清华大学出版社，2009.

[2] 何晋浙. 高校实验室安全管理与技术[M]. 北京：中国计量出版社，2009.

[3] 金峰，桑志国. 实验室安全技术与管理研究[M]. 北京：原子能出版社，2020.

[4] 阳富强. 建筑防火课程设计[M]. 北京：化学工业出版社，2018.

[5] 戴强，晋丽叶. 消防工程概论[M]. 徐州：中国矿业大学出版社，2018.

[6] 陶昆. 建筑消防安全[M]. 北京：机械工业出版社，2019.

[7] 张媛. 消防安全与应急救援[M]. 北京：经济日报出版社，2014.

第 4 章

实验室电气安全

　　电气设备是高校实验室不可或缺的一部分。伴随着高校实验室的开放、共享及相关科研业务的扩展,近年来高校实验室内的电气设备种类、数量显著增加,这也导致实验室电气安全事故隐患更加复杂严峻。因此,如何预防电气事故的发生是高校实验室安全教育的重要内容。本章基于高校实验室电气安全事故类型与危害,详细介绍了实验室用电管理规范与标准。最后,为提高校师生的实验室电气安全意识和电气安全预防水平,针对高校实验室各类电气安全事故的预防控制,提出相应的建议与措施。

4.1　电气安全事故类型与危害

　　高校实验室常见的电气安全事故主要有触电事故、爆炸事故和火灾事故。受到的主要危害来自于静电、雷电和电磁场。

4.1.1　触电事故

4.1.1.1　触电事故概述

　　触电事故在各类电气事故中尤为常见。一般来说,电击和电伤是触电事故的两类典型。

　　(1) 电击

　　按人体触及带电体的方式,电击可分为单相触电、两相触电、跨步电压触电。

1）单相触电（见图 4-1）。这是指人体接触到地面或其他接地导体的同时，人体另一部位触及某一带电体所引起的电击。

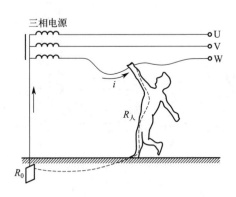

图 4-1　单相触电

2）两相触电（见图 4-2）。这是指人体的两个部位同时触及两相带电体所引起的电击。

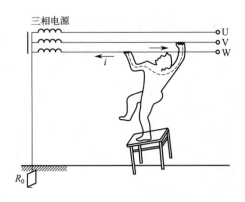

图 4-2　两相触电

3）跨步电压触电（见图 4-3）。这是指站立或行走的人体，受到人体两脚之间的跨步电压作用所引起的电击。

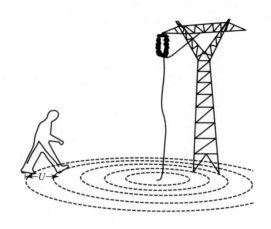

图 4-3 跨步电压触电

(2) 电伤

电伤包括电烧伤、电烙印、皮肤金属化、机械损伤、电光性眼病等多种伤害。

表 4-1 列出不同电击电流导致的人体损害。从表中可得,人体受到电击电流越高,人体受到的伤害越大,严重时会危及生命。

表 4-1 不同电击电流导致的人体损害

电流/mA	人体生理效应
0.4	轻微感觉
1.1	感觉阈值,有针刺感觉
1.8	无害电击,有"麻电"的感觉,未失去肌肉控制感
9.0	有害电击,感到不能忍受,但还没失去肌肉控制感
16.0	有害电击,摆脱阈值
23.0	有害电击,肌肉收缩,呼吸困难
75.0	心脏纤维性颤动,至颤阈值,10~15s 内会危及生命
235.0	心脏纤维性颤动,通常在 5s 或更短时间内就能致人死亡
4000.0	心脏停止跳动(没有心脏纤维性颤动)
5000.0	内部组织严重烧伤

4.1.1.2 触电事故的分布规律

根据国内外的触电事故统计资料分析,结合高校实验室的实际情况,高校实验室触电事故的分布具有以下六个规律:①触电事故季节性明显;②低压设备触电事故多;③携带式设备和移动式实验设备触电事故多;④电气连接部位触电事故多;⑤实验室中实验者触电事故多;⑥误操作事故多。

4.1.2 电气火灾与爆炸事故

4.1.2.1 电气火灾事故

电气火灾作为实验室中经常发生的事故类型,一共有五种火灾类型,分别是:①漏电火灾;②短路火灾;③过负荷电压;④接触电阻过大;⑤电火花。

4.1.2.2 电气爆炸事故

电气火灾的发生一般都会伴随着爆炸事故的发生。例如,某高校一栋实验楼中的一处电箱因为故障发生火灾并引起爆炸。事后经过排查,初步认定事故由电箱短路引起。

实验室电气爆炸事故的主要原因是实验室的设施设备所用电流超过额定值,实验设施设备承受不了过量电流,设施设备发生损坏和爆炸。

4.1.2.3 实验室电气火灾与爆炸原因

(1) 电气设备过热

实验室中的电气设备运行时需要散热。引起实验室电气设备过热的原因有:①短路;②过载;③接触不良;④铁芯发热;⑤散热不良。

(2) 电火花和电弧

电火花是电极间的击穿放电;电弧是电流通过某些绝缘介质所产生的瞬间火花。电火花可分为工作火花和事故火花。

4.1.3 静电和雷电的危害

4.1.3.1 静电的危害

在实验室中进行摩擦就有产生静电的可能。静电的产生可以分为内因和外因。

(1) 静电产生的原因

1) 内因

①物体的溢出功不同；②物体的电阻率不同；③介电常数不同。

2) 外因

①物体紧密地接触和迅速地分离；②附着带电；③感应起电；④电解起电；⑤压电效应起电；⑥极化起电；⑦喷出带电；⑧飞沫带电。

另外还有淌下、沉浮等许多产生静电的方式。产生静电是几种方式共同作用的结果。

(2) 静电产生的危害

①妨碍实验；②爆炸和火灾；③静电电击。

4.1.3.2 雷电的危害

雷电在实验室的破坏性主要表现为电性质的破坏、热性质的破坏和机械性质的破坏三个方面。

(1) 电性质的破坏

电性质的破坏可能毁坏实验室电气设备的绝缘，烧断实验楼电线，造成大规模停电。

(2) 热性质的破坏

热性质的破坏作用表现在雷雨季节球雷可能从实验室的门、窗等通道进入实验室内，球雷侵入可能会直接引起火灾。

(3) 机械性质的破坏

机械性质的破坏作用主要表现为被击实验设备遭到破坏，甚至爆裂为碎片。

4.1.4 电磁场的危害

电磁场对实验师生伤害程度受到许多因素的影响，如辐射功率、电磁场强度、电磁波频率、照射时间、人体状况、环境条件等。

(1) 电磁场强度

电磁场强度越高，实验师生吸收能量就越多，伤害就越重。

(2) 电磁波频率

随着频率增加,实验师生体内的电偶极子的激励程度加剧,对人体的伤害加重。

(3) 辐射的作用时间

电磁场对实验师生的伤害有积累效应。低强度电磁场辐射产生的症状不明显,一般经过3~7天可以消失。低强度超高频或特高频电磁场辐射产生的症状,脱离接触后3~6周才能消失;如果电磁场强度高,辐射时间长,则伤害可能是永久性的。

(4) 与辐射源的间距

电磁波辐射强度随着与辐射源距离的加大而迅速递减,对实验师生的影响也迅速递减。

(5) 环境条件

对实验室的温度和湿度加强控制,是减少电磁波对人身伤害的一个重要手段。

(6) 人体状况

在其他条件相同的情况下,女性较男性严重。同时人体被照射面积越大,伤害越严重。

(7) 其他危害

大功率的射频实验设备,在实验期间所形成的射频辐射将对通信、电视及射频设备附近的电子仪器、精密仪表参数测试等造成严重的干扰。

4.2 用电管理规范与标准

4.2.1 实验室安全用电常识

4.2.1.1 安全用电常识

(1) 实验室用电标准

在实验室中正确使用插座是安全用电的重要内容。插座有两孔、三孔、四孔之分,各种插座的用途如表4-2所示。

表 4-2 各种插座的用途

类别名称	用途	电压
两孔插座	小型的单项电器	220V
三孔插座	带金属壳的电器和精密仪器	220V
四孔插座	提供动力电，四个插孔中三个为相线，一个为中性线	相电压为220V,线电压为380V

（2）实验过程中使用仪器的用电常识

①实验师生在使用仪器时必须注意电压匹配。若两者不相同必须用变压器调压，使之相互匹配方可使用。

②精密的实验仪器需要配用交流稳压电源。

③计算机类的数字化实验仪器一般需配备在线式稳压电源。有条件的实验室应配备不间断电源。

④大型用电器应采取降压启动方式。

⑤用电较多的实验室的地面和工作台面应铺绝缘橡胶板。

⑥需要安装开关的仪器或线路，开关一定要安装在火线上。

（3）实验室用电注意事项

①检查安全用电，实验室内禁止乱拉、乱接电线。

②单相用电设备，特别是移动式用电设备，都应使用三芯插头和与之配套的三孔插座。

③在实验室使用四孔插座时，必须保证中性线绝对可靠，不能发生短路现象。

④实验中，在使用电气设施设备时，实验人员不能离开相关设施设备，并应注意实验设施设备的运行状况。

⑤实验室中需直接测量强电的参数或使用自耦变压器时，应使用隔离电源，与电网断开，防止触电事故发生。

⑥正确选用和使用电器。实验室的各种电气设施设备都有一定的适用范围，不要乱用。大型的实验仪器设备需使用独立插座，任何实验室的设施设备都不能长期使用临时接线板。

⑦遵守操作规程，合理使用各种安全用具。在不能停电而必须进行带电实验操作时，要注意合理使用以保证人体对地有良好绝缘，并尽量单手操作，防止双线触电。实验师生在下班前和节假日放假离开实验室前应关闭空

调、照明灯具、计算机等电器。即使在工作日，这些电器没有必要开启时，也要随时将其关闭。

⑧ 为了防止电线受损，不要把电线挂在铁钉上。严禁用湿手、湿物接触电源，严禁用湿抹布擦电线或仪器上的灰尘。

⑨ 实验室要使用合格的地插座。实验室内的每台计算机应配装地插座，尽量减少使用临时活动的插线板。没有防静电地板的实验室的供电线路，一定要用绝缘线管或线槽保护，供电线路不能明铺在地面上。实验室内的计算机桌布局要科学，地插座要安装在实验室学生腿脚碰不到的地方。

4.2.1.2 实验室安全用电标识

结合当前高校实验室安全用电现状，实验室相应的安全用电标识和在实验室中的设置范围和区域如表 4-3 所示。

表 4-3 实验室安全用电标识

序号	图形符号	标志名称	设置范围和区域
1		禁止合闸	实验设施设备或线路检修时,相应开关附中
2		当心触电	有可能发生触电危险的实验室电气设备和线路
3		当心电缆	在实验室暴露的电绳或地面下有电缆处施工的地点
4		当心电离辐射	能产生电离辐射危害的实验场所

续表

序号	图形符号	标志名称	设置范围和区域
5		禁止触摸	禁止触摸的实验设备或物体附近
6		必须接地	防雷、防静电的实验场所
7		必须拔出插头	在实验设备维修、故障、长期停用、无人值守状态下

4.2.2 实验室安全用电管理规范

（1）实验室安全用电基本要求

① 实验室内电气设备及线路设施必须严格按照安全用电规程和设备的要求实施。

② 在实验室同时使用多种电气设备时，其总用电量和分线用电量均应小于设计容量。

③ 实验室内应该使用空气开关并配备必要的漏电保护器，电气设备和大型仪器必须接地良好。

④ 实验室不能使用木质配电板闸刀开关。

⑤ 在实验室内，接线板不能直接放在地面，不能多个接线板串联。

⑥ 做完实验或离开实验室要及时断电，确保实验装置不带电。

（2）实验室用电安全操作要求

① 实验室做强电实验时，必须有2人以上才可开展实验。在实验平台

要有警示牌（有电危险）或者警示线。

② 已停电的开关柜上必须悬挂"禁止合闸、有人工作"警告牌。

③ 在实验室配电室周围设置醒目的"高压危险、请勿靠近"警告标志，并标明电压等级。

④ 实验室电气设备在未验明无电的情况下，一律认为该设备有电，任何人都不能盲目触及。

⑤ 实验需要带电操作时，实验者必须戴绝缘手套或穿绝缘靴。

⑥ 切勿带电插、拔、接电气线路。

⑦ 动力出线的端子在不使用时要用绝缘胶带包好，防止误合闸触电。

⑧ 实验过程中，在进行电子线路板焊接后的剪脚工序时，剪脚面应背离身体特别是脸部，防止被剪下引脚弹伤。

⑨ 高压电容器，实验结束后或闲置时，应串接合适电阻进行放电。

⑩ 在需要带电操作的低电压电路实验时，单手操作比双手操作安全。

⑪ 使用电容器时，注意电容的极性和耐压。

⑫ 使用电烙铁应注意：不能乱甩焊锡；及时放回烙铁架，用完及时切断电源；周围不得放置易燃物品。

⑬ 静电防护。

4.2.3 实验室可用电气设备的国家标准

常用标准有《测量、控制和实验室用电气设备的安全要求 第1部分：通用要求》（GB 4793.1—2007）。该标准包含了在正常实验室环境下的有关电气设备的国家标准。

该标准规定了对其适用范围内的所有设备均能普遍适用的通用安全要求，该标准为强制性标准。该标准是为了确保所使用的实验室结构的设计和方法能对操作人员和周围环境提供足够的防护。同时，该标准对于高校实验室用电设备的设计、制造、安装和使用提供了相关的指导和要求，能够保障实验设备的电磁兼容性，降低实验设备发生故障的风险，提高实验设备的可靠性和稳定性。同时，该标准也有助于确保实验用电设备的安全运行。

4.3 电气安全事故预防措施

4.3.1 触电事故的预防措施

实验室触电事故一般是由漏电、短路、过负荷、电火花、违规操作等原因造成的。故需要有针对性地采取相应的预防措施。

（1）漏电的预防措施

① 实验室在进行设计和安装电气线路时，导线和电缆的绝缘程度不应低于网路的额定电压，绝缘子也要根据电源的不同电压选配。

② 在特别潮湿、高温或有酸碱腐蚀性气体的实验室，严禁绝缘导线明敷，应采用套管布线，多尘场所要经常打扫线路。

③ 实验室在进行电气设备及线路安装和施工过程中，要防止刀或锤子等工具损坏导线绝缘层，并注意导线连接的质量及绝缘包扎质量。

④ 在经常有摩擦的地方，应将导线穿入钢管中暗敷在地下。

⑤ 各种线路在投入运行前，必须用兆欧表测量其线间、线对地的绝缘电阻是否符合绝缘要求。

⑥ 使用中，线路应定期测量绝缘情况，发现异常情况，要及时维修。

⑦ 防止电路板积灰尘，如果受潮后的灰尘不易除去，则可用无水酒精清洗，清洗以后用电吹风吹干驱除潮气。

（2）短路的预防措施

① 安装、使用电气设备时，应根据电路的电压、电流强度和使用性质，正确配线。

② 移动电气设备的导线，应有良好保护层。

③ 导线安装要牢固，防止掉落。

④ 严禁导线裸端直接插在插座上。

⑤ 禁止将导线悬挂在铁线、铁钉上或将过长导线成捆打结。

⑥ 电源总开关、分开关均应安装适合使用电流强度的熔断装置，并定期检查电路运行情况，及时消除隐患。

（3）过负荷预防措施

① 电气线路与用电设备要按照电气规程安装，选用合适的导线截面。

② 要安装合适的熔断器和保护装置。

③ 不能乱拉电线和接入过多或功率过大的电气设备。

④ 经常检查线路负荷，发现过负荷时，应及时减少用电设备或调换容量较大的电线。

(4) 电火花的预防措施

① 要经常用外部检查和检查绝缘电阻的方法来监视绝缘层的完整性。

② 防止裸体电线和金属体相接触，防止短路。

③ 易燃易爆液体、气体和粉尘的实验室，应安装防爆或密封隔离式的照明灯具、开关及熔断装置。

④ 禁止在带电情况下，更换灯泡、熔丝或修理用电设备。

(5) 违规操作的预防措施

① 有易燃液体、气体、固体、粉尘、腐蚀性气体的潮湿、高温的实验室，应采用耐火防火的特殊绝缘导线及防爆型的照明灯具。

② 电热设备不得安装在可燃物上或与可燃物接近的位置，有易燃易爆物的实验室不得使用开启式电热设备。

③ 电热设备功率应与电路导线容量相适应，防止过负荷。

④ 用电热设备加热、蒸煮、烘干样品或试剂时，应有专人看管。增加大容量的电气设备时，应重新设计线路。

⑤ 电气设备应经常检查，及时清除积聚的粉尘。

⑥ 对电气设备定期或不定期检查，做详细记录，对严重事故隐患，要及时报告学校的实验室安全管理部门。

此外，对于触电急救相关内容详见本书 8.2.2 触电急救措施与方法。

4.3.2 实验室电气火灾与爆炸预防措施

在实验室中，广泛存在着易燃易爆的物质。根据实验室电气火灾和爆炸形成的原因，排除易燃易爆危险隐患是防止电气火灾和爆炸事故的重要方面。具体措施有：

① 保证高危设备与易燃易爆物质的安全间隔；

② 保持良好通风；

③ 实验室师生需要加强易燃易爆实验材料的密封，减少和防止易燃易

爆物质的泄漏。

4.3.3 静电预防措施

静电会造成大型实验仪器的高性能元器件的损害，也可能因放电时瞬间产生的冲击性电流对人体造成伤害。高校实验室防止静电的方法主要有：抑制静电产生、合理消除静电、静电屏蔽。

4.3.3.1 抑制静电产生

（1）选用导电性较好的材料

在进行实验材料的选择时，选用导电性较好的材料可限制静电的产生和积累。

（2）减小摩擦

减小摩擦的途径通常有两种，一是降低压力和摩擦系数，二是减小速度。

（3）使用抗静电材料

在特殊的实验室可采用抗静电材料进行装修。防静电区内不要使用塑料、地毯等绝缘性能好的地面材料。在有必要的实际情况下，实验室内及实验室附近可以铺设导电性地板。

4.3.3.2 合理消除静电

静电的产生和消失在实际实验中往往是两个同时存在的过程。当静电的产生大于静电的消失时，静电加强，反之则静电减弱。两者达到平衡时，静电才趋于稳定。静电的消失方式有些是危险的，这些方式不能用来作为防止静电危害的手段。而有些静电的消失方式是无危险的，这些消失方式可以用来作为防止静电危害的手段。静电的消失途径主要是静电中和与静电散失两种。

（1）静电中和

静电的中和方式主要有：火花放电、导体连通、电荷注入和增强泄漏。

① 火花放电。带异性电荷的物体之间将空气击穿放电，使正、负电荷重新结合，这种中和方式是消除静电危害的主要方式，不能被用为防护静电危害的手段。

② 导体连通。将带异性电荷的两个物体通过导体连接，使两个物体上

的电荷在导体中产生电流,使正、负电荷中和。

③ 电荷注入。用电荷发生源强行向带电体注入异性电荷而进行中和。这种方法虽然效果明显,但需要电荷发生源。

④ 增强泄漏。泄漏的快慢与材料性质和表面状态有关。增强泄漏的方法有增湿、添加抗静电剂等。

(2) 静电散失

静电散失的主要途径有:电晕放电以及静电转移。

① 电晕放电。在实验室线路设计时,应选择足够截面积的导线,或采用分裂导线,降低导线表面电场的方式,以避免发生电晕。

② 静电转移。目前能够找到的最大常用物体是地球,因此接地是实验室转移电荷的最有效的方法。

4.3.3.3 静电屏蔽

这里的静电屏蔽有两个含义:一是对静电源进行屏蔽,使静电场被限制在一定的范围内;二是对实验场所进行屏蔽,使静电场不能到达保护的区域。在静电源不能有效地被消除的情况下,静电屏蔽不失为一种有效的防静电措施。

静电屏蔽常用空腔导体来实现,其方法是将被保护设备或静电电源用导体空腔包围起来,如图4-4所示。

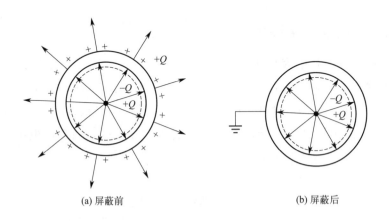

(a) 屏蔽前　　　　　　　　(b) 屏蔽后

图4-4　金属腔体对其内部静电荷的屏蔽

实验室进行静电屏蔽时可以采用金属空腔这种方法进行静电预防。但是在一般情况下,静电屏蔽也不一定以金属空腔的形式出现,静电屏蔽可以通过另外的物体产生。

在部分实验室中会构建一个完整的静电屏蔽防护区域,这个区域为静电防护工作区。详细的接地情况如图4-5所示。其中引出线都集中在共同接地点上。

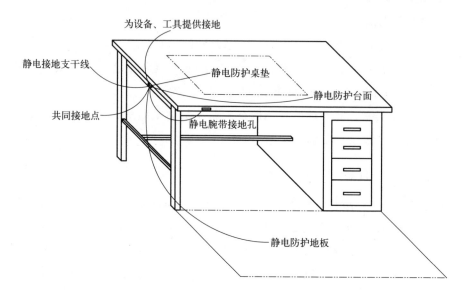

图 4-5 静电防护工作区接地情况

4.3.3.4 减少人体静电积累

人体对地是有电容存在的,典型值见表4-5。在有静电危险的实验场所,实验师生不应穿丝绸、人造纤维或其他高绝缘衣料做的衣服,需要穿用高导电纤维衣料做的防静电工作服,以减少人体的静电积累。在进入相关实验室时,实验师生需要穿戴防静电无尘衣帽和导电鞋,佩戴静电手套、指套、腕带等消除或泄漏所带的静电。

表 4-4 人体对电容典型值

地面		水泥	红橡皮	木板	铁板
人体对地电容值/pF	穿帆布橡胶底鞋时	450	200	60	1000
	穿棉胶鞋时	1100	220	53	3500

此外，高校实验室还需要有良好的接地系统，为了有效防止静电产生的危害，必须给静电防护环境中的所有导体进行静电接地。总之，整个实验室空间都应有防静电措施，构成一个完整的静电防护区域。该系统必须要有独立的、可靠的接地装置，接地电阻应小于 10Ω。接地主干线截面积应该小于 100mm^2，支干线截面积应该小于 6mm^2，设备和工作台的接地线应该采用截面积不小于 1.25mm^2 的多股敷塑导线接地线，颜色以黄绿色线为宜，接地主干线的连接方式应采用钎焊。实验室专用地线埋设如图 4-6 所示。专用地线应埋在建筑物的阴面潮湿处。地线可由一块长 $600\sim700\text{mm}$，宽 $400\sim500\text{mm}$，厚 $4\sim5\text{mm}$ 的紫铜板及钎焊在紫铜板上的引出线及截面积不小于 100mm^2 的扁铜线组成。图 4-6 为实验室专用地线埋设示意图。

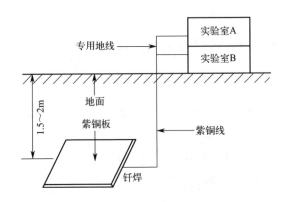

图 4-6　实验室专用地线埋设示意图

4.3.4　雷电预防措施

直击雷和感应雷是实验室雷电灾害的两种主要形式。雷电的防护主要采用以下装置或方法。

（1）接闪器

避雷针、避雷线、避雷网和避雷带都可作为接闪器。

（2）避雷器

在正常情况下，避雷器处在不导通的状态。出现雷击过电压时，避雷器被击穿放电，使过电压消失，发挥保护作用。过电压消失后，避雷器迅速恢复不导通状态，回到正常工作状态。

（3）直击雷防护

在实验楼或实验室附近装设避雷针、避雷线、避雷网和避雷带是防直击雷的主要措施。

（4）感应雷防护

将要保护的实验设备进行良好的接地是防感应雷的有效措施。

（5）人身防雷

在实验室室内应该注意防止雷电侵入波的危险，应离开照明线、动力线、电话线、电源线，以及与其相连接的各种金属设备，以防止这些线和设备对人体的二次放电。另外，在雷雨天气还应该注意关闭实验室门窗，以防止球雷进入实验室造成危害。

4.3.5 实验室常用电气设备的防火措施

（1）常用电气设备的防火措施

① 电热设备。实验室中常用的电热设备有烘箱、恒温箱等。这些设备多数功率较大，工作温度较高。加热时间过长或未按操作规程运行电热设备，有可能导致电流过载、短路绝缘层损坏等原因引起火灾事故。故需要采取相关的措施对这些现象进行防控。

电热设备的防火措施如下：

a. 对于实验电热设备的安装使用，必须经动力部门检查批准。

b. 安装实验电热设备的规格、型号应符合安全实验现场防火等级。

c. 在有可燃气体、蒸气和粉尘的实验场所，不宜装设电热设备。

d. 实验电热设备不准超过线路允许负荷，必要时应设专用回路。

e. 实验电热设备附近不得堆放可燃物，使用时要有人监督，使用后离开实验室时或停电后必须切断电源。

f. 高校实验室应严格控制非实验研究需要而使用生活电炉，禁止实验师生个人违反制度私用电炉。

② 电动机。电动机过负荷、短路故障、缺相运行、电源电压太高或太低等因素都有可能导致电动机在运行中起火。

在实验中，电动机的防火措施如下：

a. 根据电动机的实验工作环境，对电动机进行防潮防腐防尘防爆处理，安装时要符合防火要求。

b. 电动机周围不得堆放杂物，电动机及其启动装置与可燃物之间应保持适当距离，以免引起火灾。

c. 检修后及停电 7 天以上的电动机，启动前应测量其绝缘电阻是否合格。

d. 电动机启动应严格执行规定的启动次数和启动间隔时间，尽量少启动。

e. 电动机运行时，应监视电动机的电流、电压不超过允许范围，监视电动机的温度、声音、振动、轴窜动是否正常，有无焦臭味，电动机冷却系统应正常。

f. 在实验中发现电动机缺相运行，实验人员应立即切断电源，防止电动机缺相运行过载发热起火。

g. 电动机一旦起火，实验人员应立即切断电源，用电气设备专用灭火器进行灭火。

③ 电冰箱。近年来，实验室电冰箱使用不当引起的爆炸及火灾事故不在少数，线路绝缘层老化、损坏，使用家用冰箱存放化学试剂等是引起这些事故的主要原因。

为防止电冰箱引起火灾事故，使用时必须注意以下几点：

a. 实验师生需要合理选用电源线的截面并按有关规定正确安装，以防在使用中造成导线绝缘损坏引起短路。

b. 实验室内电源线或各部电路元件连接时，要接触紧密牢固，以免造成接触电阻过大。

c. 实验师生需要按照有关规定选择合适的熔丝，以免在使用中引起爆断，产生火花或电弧。

d. 冰箱内严禁存放易燃易挥发的化学试剂及药品，以免挥发后与空气形成混合气体，遇火花爆炸起火。

e. 实验室电冰箱背面机械部分温度较高，所以电源线不要贴近该处，以防烧坏电源线，造成漏电或短路。

f. 实验室电冰箱背后严禁用水喷洒，防止破坏电气元件绝缘。

g. 实验室电源的插销要完整。损坏后要及时更换，防止在使用中造成短路或打出火花。

④ 空调。近几年来越来越多的实验室中安装了空调。若实验室师生在使用上忽视防火安全，极易导致事故。

空调在使用过程中应注意以下几点：

a. 空调开机前，应查看有无螺栓松动、风扇移位及其他异物，及时排除，防止意外。

b. 空调器必须使用专门的电源插座和线路，不能与照明或其他家用电器合用。实验室突然停电时，应立即将电源插头拔下。

实验室内部或实验室附近必须配备小型灭火器，如二氧化碳灭火器、清水灭火器等，以便及时扑灭火灾。

（2）电气设备发生火灾后的灭火要点

实验室的电气设备在引发火灾时，为了防止触电事故，一般都在切断电源后才进行灭火，具体方法如下：

① 及时切断电气设备电源。起火后，首先要设法切断电源。切断电源时，一定要用绝缘的工具操作，并注意安全距离。在切断电源后，电容器和电缆仍可能有残余电压，不能直接接触或搬动电缆和电容器，以防发生触电事故。

② 不能直接用水冲浇实验电气设备。电气设备着火后，不能直接用水冲浇灭火。因为水有导电性，进入带电设备后易引起触电，会降低实验电气设备绝缘性能，甚至引起设备爆炸，危及人身安全。

③ 使用安全的灭火器具对电气设备进行灭火。应该选择不导电的灭火器，如二氧化碳、1211、1301、干粉等灭火剂进行灭火。

④ 带电灭火的注意事项。如果不能迅速断电，实验室师生及有关人员必须在确保自身安全的前提下使用不导电灭火剂进行带电灭火。使用小型灭火器灭火时，要注意保持一定的安全距离，对10kV及以下的设备该距离不应小于40cm。

参考文献

[1] 玄大悦，王春雷，刘贵彤，等．英国兰卡斯特大学实验室安全管理体系及借鉴[J]．实验技术与

管理, 2022, 39(1): 245-248.

[2] 曹以, 赵路, 龙训建, 等. 基于TOPSIS的高校工科实验室安全评价[J]. 西南师范大学学报(自然科学版), 2022, 47(2): 118-123.

[3] 许诺. 高校电气实验室的安全问题及管理对策探究[J]. 教育教学论坛, 2015(48): 5-6.

[4] 王志强, 郑帅, 陈翠丽, 等. 高校电气实验室安全管理探讨[J]. 实验室研究与探索, 2014, 33(7): 293-296.

[5] 孙恒颇, 王庆丽, 李燕云, 等. 实验室安全与环境管理创新研究[J]. 中国检验检测, 2022, 30(4): 93-95.

[6] 郭颖奇, 何迈, 罗江陶. 高校电气实验室四维一体的本质安全管理探讨[J]. 实验室科学, 2018, 21(4): 217-220.

[7] 何晋浙, 孙培龙, 张国亮. 高校实验室安全管理与技术[M]. 北京: 中国计量出版社, 2009.

[8] 路建美, 黄志斌. 高等学校实验室环境健康与安全[M]. 南京: 南京大学出版社, 2013.

[9] 姜忠良, 齐龙, 马丽云. 实验室安全基础[M]. 北京: 清华大学出版社, 2009.

[10] 沈小玲. 浅谈高频电磁场的危害与防护[J]. 科技世界, 2013, (17): 125+166.

[11] 王强, 张才. 高校实验室安全准入教育[M]. 南京: 南京大学出版社, 2019.

[12] 康乐, 田云博, 杨騉, 等. 串联故障电弧电流时频域特性的仿真与实验研究[J]. 高压电器, 2023, 59(02): 104-112+119.

[13] GB 4793.1—2007. 测量、控制和实验室用电气设备的安全要求 第1部分: 通用要求[S].

[14] GB/T 3836.1—2021. 爆炸性环境 第1部分: 设备 通用要求[S].

[15] GB 50057—2019. 建筑物防雷设计规范[S].

[16] 陈卫, 张红斌. 电路分析基础[M]. 北京: 人民邮电出版社, 2010.

[17] GB 29481—2013. 电气安全标志[S].

第 5 章

仪器设备操作安全

使用各种仪器设备是进行科学实验的基础，为了确保安全、保护设备，使用者应遵循仪器设备操作安全规则。高校实验室常用的仪器设备有玻璃仪器、高压设备、高温低温设备、高能设备、机械加工设备以及一些贵重仪器设备等。这些装置都具有危险性，如果操作错误，可能会引起大的安全事故，所以在使用这些仪器设备时必须做好充分的预防措施并谨慎操作。本章介绍常见仪器设备的安全使用规程，以此确保工作效率和人员安全。

5.1 玻璃仪器使用安全

5.1.1 玻璃仪器安全使用通则

玻璃仪器（见图 5-1）按玻璃的性质不同可以简单地分为软质玻璃仪器和硬质玻璃仪器两类。软质玻璃承受温差的能力、硬度和耐腐蚀性都比较差，但透明度比较好，一般用来制造不需要加热的仪器。硬质玻璃是一种硼硅酸盐玻璃，具有良好的耐受温差变化的性能，用它制造的仪器可以直接加热。

硬质玻璃的硬度较高、质脆、抗压力强，但抗拉力弱、导热性差，稍有损伤或局部施加温差都易断裂或破碎，其裂纹呈贝壳状，像锋利的刀具一样危险。所以在使用玻璃仪器时容易出现意外破损，需采取适当的安全防范措

图 5-1　玻璃仪器

施,将危险性降至最低。因此在使用时应注意如下事项。

① 剪切或加工玻璃管及玻璃棒时,必须戴防割伤手套。

② 玻璃管及玻璃棒的断面要用锉刀锉平或用喷灯熔融,使其断面圆滑,不易造成割伤,而后再使用。

③ 玻璃器具在使用前要仔细检查,避免使用有裂痕的仪器。特别用于减压,加压或加热操作的场合,更要认真进行检查。

④ 在组装烧瓶等实验装置时,不要过于用力,也要防止夹具拧得过紧使玻璃容器破损。

⑤ 加热和冷却时,要避免骤热、骤冷或局部加热。加热和冷却后的玻璃仪器不能用手直接触摸,以免烫伤和冻伤。

⑥ 不能在玻璃瓶和量筒内配制溶液,以免配制溶液产生的溶解热使容器破损。

⑦ 不能使用壁薄和平底的玻璃容器进行加压或抽真空实验。

⑧ 壁薄的玻璃容器在往台面上放置时要轻拿轻放,进行搅拌操作时避免局部过力。拿放较重的玻璃仪器时,要用双手。

⑨ 一般情况下,不允许给密闭的玻璃容器加热。

⑩ 玻璃碎片要及时清理并放入指定的位置。

5.1.2　特殊玻璃仪器使用注意事项

(1) 玻璃反应釜

玻璃反应釜(见图 5-2)抗酸腐蚀性能优良,一般用作反应器或储罐,大多数在有机酸介质条件下使用,其安全使用事项如下。

① 在玻璃反应釜中进行不同介质的反应,应首先查清介质对主体材料有无腐蚀。

② 装入反应介质液面应不超过釜体高度的三分之二。

③ 安装时将爆破泄放口通过管路连接到室外。

④ 每次开机时,要求任何按钮都应在初始状态。在每次工作完毕后将旋钮旋回最小位置,防止再次开机时电流太大,对仪器造成大的损坏。

⑤ 夹套导热油加热,在加导热油时注意勿将水或其他液体掺入其中,应不定期抽查导热油的油位。

图 5-2 玻璃反应釜

⑥ 定期对各种仪表及爆破泄放装置进行检测,以保证其准确可靠地工作,设备的工作环境应符合安全技术规范要求。

⑦ 反应釜长期停用时,釜内外要清洗擦净,不得有水及其他物料,并存放在清洁干燥无腐蚀的地方。

(2) 旋转蒸发仪 (见图5-3)

旋转蒸发仪,又叫旋转蒸发器,是实验室广泛应用的一种蒸发仪器,由马达、蒸馏瓶、加热锅、冷凝管等部分组成的,主要用于减压条件下连续蒸馏易挥发性溶剂,应用于化学、化工、生物医药等领域。其安全使用事项如下:

① 各接口、密封面、密封圈以及接头安装前,都需要涂一层真空硅脂。

图 5-3 旋转蒸发仪

② 加热槽通电前必须加水,不允许无水干烧。

③ 蒸馏瓶内溶液不宜超过容积的50%。贵重溶液应先做模拟试验,确认该仪器适用后再转入正常使用。

④ 如果真空度太低,应注意检查各接头、真空管和玻璃瓶的气密性。

⑤ 使用时要先抽小真空(约0.03MPa),再开旋转,以防蒸馏烧瓶滑落;停止时,先停旋转,手扶蒸馏烧瓶,通大气,待真空度降到0.04MPa左右再停真空泵,以防蒸馏瓶脱落及溶液倒吸。

⑥ 根据溶剂设定水浴温度,如溶剂沸点80℃,则水浴可设定为50~55℃,水溶温度不确定时一定要有人在场,以便在发生暴沸时进行减压

⑦ 如果样品黏度比较大，应放慢旋转速度，最好手动缓慢旋转，以能形成新的液面，利于溶剂蒸出。

（3）石英纯水蒸馏器（见图 5-4）

石英纯水蒸馏器是用电加热自来水制取纯水。化验室等部门使用不锈钢材料，保证蒸馏水的质量，也提高使用寿命。本仪器主要由冷凝器、蒸发锅、电热管三部分组成。主体材料均采用不锈钢薄板与不锈钢无缝管制成，外形美观。电加热部分采用浸入式电热管，热效率高。其安全使用事项如下：

图 5-4　石英纯水蒸馏器

① 使用前观察水位器、两个干簧水位器和三个冷凝管的气孔是否畅通。

② 干簧电线（蓝线）、温度控制器（红线）是仪器保护装置，不能随意挪动。

③ 必须注意烧瓶内水位的控制。横式烧瓶中的水位应在二分之一左右，水位应浸没石英加热管；在任何情况下，烧瓶内水都不允许放净。

④ 使用过程中应多观察仪器状态，出现异常情况，如噪声过大、横式烧瓶水位接近石英加热管、仪器长时间（10min 以上）不产纯水等，应及时关机。

⑤ 仪器工作时，不要触摸玻璃部分，以免烫伤。

5.2　高压类仪器设备使用安全

高压装置一般是指是由表 5-1 所列的各种单元器械组合而成的联合体。

表 5-1　常见高压装置及其单元器械

高压装置名称	单元器械
高压发生源	气体压缩机、高压气体容器
高压反应器	高压釜、各种合成反应管及催化剂填充管
高压流体输送器	循环泵、管道及流量计
高压器械	压力计、各种阀门
安全器械	安全阀、逆火防止阀

高压装置发生破裂，碎片以高速度飞出，急剧冲出的气体会形成冲击

波，使人身、实验装置及设备等受到重大损伤，同时还可能会引燃所用的煤气或放置在其周围的易燃易爆物品，引起火灾或爆炸等严重的二次灾害。因此，使用高压装置时，必须严格遵守有关的安全操作规定。

5.2.1 高压钢瓶

气体钢瓶是储存压缩气体的特制的耐压钢瓶（见图5-5）。使用时，通过减压阀（气压表）有控制地放出气体。由于钢瓶的内压很大（最大可达15MPa），而且有些气体易燃或有毒，所以在使用钢瓶时要特别注意安全。

① 钢瓶要放在专用的移动车中或直立固定好，存放在阴凉、干燥、远离热源（如阳光、暖气、炉火）处，避免阳光暴晒和剧烈振动。

② 可燃性气体钢瓶必须与氧气钢瓶分开存放，并远离明火距离至少10m。

图5-5 气体钢瓶

③ 使用钢瓶中的气体时，要用专用的减压阀（气压表）。各种气体的气压表不得混用，以防爆炸。

④ 开启气瓶时，人要站在气瓶主气门的侧面，以防高压冲伤皮肤。

⑤ 绝不可使油或其他易燃性有机物沾在气瓶上（特别是气门嘴和减压阀）。也不得用棉、麻等物堵漏，以防燃烧引起事故。

⑥ 不可将钢瓶内的气体全部用完，一定要保留0.05MPa以上的残留压力（减压阀表压）。可燃性气体如乙炔气应剩余0.2~0.3MPa压力。

5.2.2 高压釜

实验室进行高压实验时，最广泛使用的是高压釜（见图5-6）。高压釜除高压容器主体外，往往还与压力计、高压阀、安全阀、电热器及搅拌器等附属器械构成一个整体。高压釜属于特种设备，应放置在符合防爆要求的高压操作室内。若装备多台高压釜，应分开放置，每间操作室均应有直接通向室外或通道的出口，高压釜应有可靠的接地。使用高压釜时，要注意以下要点。

图5-6 高压釜

① 查明刻于主体容器上的试验压力、使用压力及最高使用温度等条件，要在其容许的条件范围内使用。

② 压力计使用的压力，最好在其标明压力的二分之一以内使用。并经常把压力计与标准压力计进行比较，加以校正。

③ 氧气用的压力计，要避免与其他气体用的压力计混用。

④ 反应开始后要密切关注反应中各参数（压力、温度、转速）的变化，尤其是压力的变化，一旦发现异常，应马上关闭加热开关。如温度过高，可以通过冷却盘管接冷却水降温处理；如压力过高，可以进行降温或从排气阀放空（氢气放空时一定要通过管道排到室外）。

⑤ 温度计要准确地插到反应溶液中。

⑥ 投入高压釜反应的原料不应超过容器有效容积的 2/3。

⑦ 高压釜内部及衬垫部位要保持清洁。

⑧ 盖上盘式法兰盖时，要将位于对角线上的螺栓，一对对地依次同样拧紧。

⑨ 安全阀及其他的安全装置，要使用经过定期检查符合规定要求的器械。

5.2.3 真空泵

在有机化学实验室里常用的真空泵有水泵和油泵两种。水泵（见图5-7）能抽到的最低压力理论上相当于当时水温下的水蒸气压力。若不要求很低的压力，可用水泵。若要较低的压力，就需要使用油泵。油泵能抽到的压力在 133.3Pa 以下。油泵的好坏决定于其机械结构和油的质量，使用油泵时必须把它保护好。

图 5-7　水泵

如果蒸馏挥发性较大的有机溶剂，有机溶剂会被油吸收，结果是增高了蒸气压，从而降低了抽空效能；如果是酸性气体，会腐蚀油泵；如果是水蒸气，则可能会使油变成乳浊液而使真空泵受损。因此使用真空泵时必须注意下列几点。

① 减压系统必须保持密不漏气，所有的橡皮塞的直径和孔道要合适，

橡胶管要用真空用的橡胶管。磨口玻璃涂上真空油脂。

② 用水泵抽气,应在水泵前装上安全瓶,以防水压下降,水流倒吸;停止抽气前,应先放气,然后关水泵。

③ 如能用水泵抽气,则尽量用水泵,如蒸馏物质中含有挥发性物质,可先用水泵减压除去挥发性物质,然后改用油泵。

④ 在蒸馏系统和油泵之间,必须装有吸收装置。

⑤ 蒸馏前必须用水泵彻底抽去系统中有机溶剂的蒸气。

5.3 高温类仪器设备使用安全

在化学实验中,使用高温或低温装置的机会很多,并且还常常与高压、低压等严酷的操作条件组合。在这样的条件下进行实验,如果操作错误,除发生烧伤、冻伤等事故外,还会有引起火灾或爆炸之类的危险。因此,操作时必须十分谨慎。

使用高温装置的注意事项包括如下几点。

① 注意防护高温对人体的辐射。

② 使用高温装置的实验,要求在防火建筑内或配备有防火设施的室内进行,并保持室内通风良好。

③ 按实验性质,配备最合适的灭火设备,如粉末、泡沫或二氧化碳灭火器等。

④ 不得已必须将高温炉之类高温装置置于耐热性差的实验台上进行实验时,装置与台面之间要保留1cm以上的间隙,以防台面着火。

⑤ 按操作温度的不同,选用合适的容器材料和耐火材料。但是,选定时也要考虑到所要求的操作气氛及接触的物质的性质。

⑥ 高温实验禁止接触水。在高温物体中一旦混入水,水即急剧汽化,发生水蒸气爆炸。

使用高温装置时的人体安全防护知识包括如下几点。

① 要预计到衣服有被烧着的可能。因而,要选用能简便脱除的服装。

② 要使用干燥的手套。如果手套潮湿,导热性即增大。同时,手套中的水分汽化变成水蒸气会有烫伤手的危险,所以最好用难以吸水的材料做手套。

③ 需要长时间注视赤热物质或高温火焰时，要戴防护眼镜。使用视野清晰的绿色防护眼镜比用深色的好。

④ 对发出很强紫外线的等离子流焰及乙炔焰的热源，除使用防护面具保护眼睛外，还要注意保护皮肤。

⑤ 处理熔融金属或熔融盐等高温流体时，还要穿上防护鞋。

5.3.1 箱式高温炉

箱式高温炉是实验室常用的加热设备。使用时要注意如下方面。

① 高温炉要放在牢固的水泥台上，周围不应放有易燃易爆物品，更不允许在炉内烧灼有爆炸危险的物体。

② 高温炉要接有良好的地线，其电阻应小于 5Ω。

③ 使用时切勿超过箱式高温炉的最高温度。

④ 装取试样时一定要切断电源，以防触电。

⑤ 装取试样时炉门开启时间应尽量短，以延长电炉使用寿命。

⑥ 不得将沾有水和油的试样放入炉膛，不得用沾有水和油的夹子装取试样。

⑦ 应根据升温曲线设定升温步骤。低温手动升温时，应注意观察电流值，不可过大。

⑧ 对以硅碳棒、硅碳管为发热元件的高温炉，与发热元件连接的导线接头接触要良好，发现接头处出现电焊花或有嘶嘶声时，要立即停炉检修。

⑨ 不得随便触摸电炉及周围的试样。

5.3.2 烘箱

近些年来烘箱广泛应用于人们的生活和工作中，给我们带来很多方便。烘箱可以提供非常好的温度均匀性，并且可以通过各类压缩变形测量。试验程序要求试样在-20～45℃下进行破坏性压缩试验，以测量试样的压缩量和其他参数，供性能评估时参考。因此，能够提供稳定并且均匀的温度的烘箱是测试的首选仪器。但在使用的同时也要注意安全，为此提出以下几点建议：

1) 在清洁后，工业烘箱可以正常使用。在烘烤任何物品前，工业烘箱都需先预热至指定温度,这样才能符合材料上的烘烤时间。

2) 初次使用工业烘箱的时候要注意清洁。要先用干净湿布将工业烘箱内外擦拭一遍,除去尘埃。然后可用高温将空烘箱烘烤数分钟,在烘烤完后要注意通风散热。另外等待冷却后再用清水擦拭一遍烘箱内壁。

3) 正在加热的工业烘箱应避免烫伤。除了内部的高温,外壳以及玻璃门也很烫,所以在开启或关闭工业烘箱门时要小心,避免被玻璃门烫伤。

4) 对于要求高精度的实验,应选择高质量的工业烘箱,以保证实验的顺利进行。

5.3.3 马弗炉

① 马弗炉(见图5-8)应放于坚固、平稳、不导电的平台上。通电前,先检查马弗炉电气性能是否完好,接地线是否良好,并注意是否有断电或漏电现象。

图5-8 马弗炉

② 使用温度不得超过马弗炉最高使用温度上限。

③ 灼烧沉淀时,应按规定的沉淀物性质所要求的温度进行,不得超过。

④ 保持炉膛清洁,及时清除炉内氧化物之类的杂物;熔融碱性物质时,应防止熔融物外溢,以免污染炉膛;炉膛内应垫一层石棉板,以减少坩埚的磨损,防止炉膛污染。

⑤ 热电偶不要在高温状态或使用过程中拔出或插入,以防外套管炸裂。

⑥ 不得连续使用8h以上。

⑦ 要保持炉外清洁、干燥;炉子周围不要放置易燃易爆及腐蚀性物品。

⑧ 禁止向炉膛内灌注各种液体及易溶解的金属。

⑨ 不用时应开门散热,并切断电源。
⑩ 应定期校正马弗炉内热电偶。

5.3.4 加热浴

5.3.4.1 水浴

当加热的温度不超过100℃时,最好使用水浴加热较为方便。但是必须指出:涉及金属钾、钠的操作以及无水操作,决不能在水浴上进行,否则会引起火灾。

使用水浴时勿使容器触及水浴器壁和底部,防止局部受热。由于水浴的不断蒸发,应注意适时添加热水,使水浴时的水面保持稍高于容器内的液面。

5.3.4.2 油浴

当加热温度在100~200℃时,宜使用油浴(见图5-9),优点是使反应物受热均匀,反应物的温度一般低于油浴温度20℃左右。使用油浴的注意事项有如下几点。

图5-9 油浴

① 甘油,可以加热到140~150℃,温度过高时则会炭化。

② 植物油如菜籽油、花生油等,可以加热到220℃,常加入1%的对苯二酚等抗氧化剂,便于久用。若温度过高时将产生分解,达到闪点时可能燃烧起来,所以使用时要小心。

③ 石蜡油,可以加热到200℃左右,温度稍高并不分解,但较易燃烧。

④ 硅油,在250℃时仍较稳定,透明度好,安全,是目前实验室常用的油浴介质之一,但其价格较贵。

⑤ 使用油浴加热要特别小心，防止着火。当油浴受热冒烟时，应立即停止加热，油浴中应挂温度计以观察油浴的温度和有无过热现象，同时便于调节控制温度，温度不能过高，否则受热后有溢出的危险。

⑥ 使用油浴时要竭力防止产生可能引起油浴燃烧的因素。加热完毕取出反应容器时，仍用铁夹夹住反应器离开油浴液面悬置片刻，待容器壁上附着的油滴完后，再用纸巾或干布擦干器壁。

5.3.4.3 砂浴

一般用铁盆装干燥的细海砂（或河砂），把反应器埋在砂中，特别适用于加热温度在220℃以上者。

但砂浴（见图5-10）传热慢，升温较慢，且不易控制。因此，砂层要薄一些，砂浴中应插入温度计，温度计水银球要靠近反应器。

图5-10　砂浴

5.4　低温类仪器设备使用安全

在低温操作的实验中，获得低温的手段有采用冷冻机和使用适当的冷冻剂两种。如，将冰与食盐或氯化钙等混合构成的冷冻剂，大约可以冷却到－20℃的低温，且没有大的危险。但是，采用－70℃～－80℃的干冰冷冻剂以及－180～－200℃的低温液化气体时，则有相当大的危险。因此，操作时必须十分注意。

5.4.1　冷冻机

使用冷冻机（见图5-11）应注意的事项包括如下几点。

图 5-11 冷冻机

① 操作室内，禁止存放易燃易爆等危险化学品，并严禁烟火。

② 冷冻系统所用阀门仪表、安全装置必须齐全，并定期校正，保证经常处于灵敏准确状态，水、油、氨管道必须畅通，不得有漏氨、漏水、漏油现象。

③ 机器在运行中，操作者应经常观察各压力表、温度表、氨液面计、冷却水情况，并听机器运转声音是否正常。

④ 机器运转中，不准擦拭、抚摸运转部位和调整紧固承受压力的零件。

⑤ 机器运转过程中，发现严重缺水或异常情况时，应紧急停车。立即按下停止按钮，迅速将高压阀关闭，然后关上吸气阀、节流阀，15min 后停止冷却水，并立即找有关人员检查处理。

5.4.2 超低温冰箱

实验室超低温冰箱又称超低温保存箱、超低温冰柜、工业冰箱，工业冰柜等。比较常见的 -40℃ 低温冰箱可适用电子器件、特殊材料的低温试验、油漆及胶水、光电厂屏幕薄膜的剥离试验及保存血浆、生物材料、疫苗、试剂等。还有 -25℃、-40℃、-60℃、-86℃、-135℃ 以及 -160℃、-192℃ 的极度冷冻冰箱。

超低温冰箱按物品存放方式，还可分为卧式、立式两种。首先使用冰箱时，应注意，移动冰箱时，不可以歪斜，要竖立平放水平移动，以免冷冻油漏出，压缩机损坏。使用超低温冰箱，或超低温冰箱经搬运后，或超低温冰箱断电（包括停电）10h 以上，必须在使用前（或再次通电使用前）进行验机。验机合格确认方可使用。

超低温冰箱的使用方法：

① 空箱不放入物品，通电开机，分阶段使冷柜先降温至-20℃，正常开机后再降到-40℃，正常开机8h后再调到-60℃，观察冷柜是否能正常工作24h以上。证明冷柜性能正常方可使用。

② 必须静置冷柜至少24h才能通电。

③ 所有低温保存箱均为保存设备，严禁一次性放入过多相对太热的物品，会造成压缩机长时间不停机，温度不下降且很容易烧毁压缩机。物品一定要分批放入，分阶梯降温，直至所需要的低温。

实验室超低温冰箱的使用方法和注意事项：

① 由20℃降至-80℃需要6h。

② 强酸及腐蚀性样品不宜冷冻。

③ 室内温度：5~32℃，相对湿度80%/22℃。

④ 距离地面＞10cm。海拔2000m以下。

⑤ 当有断电提示时，按下停止鸣叫按钮。

⑥ 一般制冷温度设置在-60℃。

⑦ 经常检查冰箱门的封闭胶条。

⑧ 落地四脚平稳，水平。

⑨ 注意散热对冰箱非常重要，要保持室内通风和良好的散热环境，环境温度不能超过30℃。

⑩ 夏天把设定温度调到-70℃，注意平时设定温度也不要太低。

⑪ 供电电压220V（AC）要稳定，供电电流要保证至少在1A（AC）以上。

⑫ 当发生停电事故时，必须关闭冰箱后面的电源开关和电池开关，等到恢复正常供电时，先把冰箱后面的电源开关打开，然后再打开电池开关。

⑬ 注意过滤网每月必须清洗一次（先用吸尘器吸，吸好后用水冲洗，最后晾干复位），内部冷凝器必须每两个月用吸尘器吸上面的灰尘。

⑭ 不要在门上锁的情况下用力去开门，避免门锁被撞坏。

⑮ 存取样品时门开得不要过大，存取时间尽量要短。

⑯ 注意经常要存取的样品应放在上面二层，需要长期保存不经常存取的样品应放在下面二层，这样可保证开门时冷气不过度损耗，温度不会上升

太快。

⑰ 要除霜只能切断冰箱电源并且把门打开,当冰和霜开始融化时必须在冰箱内每一层放上干净和易吸水的布把水吸收且擦干净(注意水会很多)。

低温冰箱主要用于科学研究、医疗用品的保存(血浆)、生物制品(储存器官、疫苗、土样)、电子元件、化工材料等特殊材料的低温实验及储存等,在医院、大学、科研单位和工业存储上用得较多。

5.4.3 低温液体容器

低温液体定义为正常沸点在-150℃以下的液体。氩、氮、氢、氖和氧都是在低温以液体状态运输、操作和储存的最常用的工业气体。

(1) 低温液体的潜在危险

所有低温液体都可能有以下的潜在危险。

① 所有低温液体的温度都极低。低温液体和它们的蒸气能够迅速冷冻人体组织,而且能导致许多常用材料,如碳素钢、橡胶和塑料变脆甚至在常压下破裂。容器和管道中的温度在或低于液化空气沸点(-194℃)的低温时能够浓缩周围的空气,导致局部的富氧空气。极低温液体,如氢和氦甚至能冷冻或凝固周围空气。

② 所有低温液体在蒸发时都会产生大量的气体。例如,在101325Pa压力下,单位体积的液态氮在20℃时蒸发成694个单位体积的氮气。如果这些液体在密封容器内蒸发,它们会产生能够使容器破裂的巨大压力。

③ 除了氧以外,在封闭区域内的低温液体会通过取代空气导致窒息。在封闭区域内的液氧蒸发会导致氧富集,能支持和大大加速其他材料的燃烧,如果存在火源,会导致起火。

(2) 使用液化气体及液化气体容器的注意事项

① 操作必须熟练,一般要由二人以上进行实验。初次使用时,必须在专业人员的指导下一起进行操作。

② 一定要穿防护衣,戴防护面具或防护眼镜,并戴皮手套等防护用具,以免液化气体直接接触皮肤、眼睛或手脚等部位。

③ 使用液化气体时，液化气体经过减压阀应先进入一个耐压的大橡皮袋和气体缓冲瓶，再由此进入到要使用的仪器，这样防止液化气体因减压而突然沸腾汽化，压力猛增而发生爆炸的危险。

④ 使用液化气体的实验室，要保持通风良好。实验的附属用品要固定。

⑤ 液化气体的容器要放在没有阳光照射、通风良好的地点。

⑥ 处理液化气体容器时，要轻快稳重。

⑦ 装冷冻剂的容器，特别是真空玻璃瓶，使用的玻璃瓶容易破裂。所以要注意，不要把脸靠近容器的正上方。

⑧ 如果液化气体沾到皮肤上，要立刻用水洗去，而沾到衣服时，要马上脱去衣服。

⑨ 发生严重冻伤时，要请专业医生治疗。

⑩ 如果实验人员被窒息了，要立刻把他移到空气新鲜的地方进行人工呼吸，并迅速找医生抢救。

⑪ 由于发生事故而引起液化气体大量汽化时，要采取相应的高压气体在不同场合进行处理。

(3) 使用不同低温液化气体的注意事项

① 使用液态氧，绝对不允许与有机化合物接触，以防燃烧。

② 使用液态氢时，对已气化放出的氢气必须极为谨慎地把它燃烧掉或放入高空，因在空气中含有少量氢气（约 5%）也会发生猛烈爆炸。

③ 使用干冰时，因二氧化碳在钢瓶中是液体，使用时先在钢瓶出口处接一个既保温又透气的棉布袋，将液态二氧化碳迅速而大量地放出时，因压力降低，二氧化碳在棉布袋中结成干冰，然后将干冰同其他液体混合后再使用。

干冰与某些物质混合，即能得到 $-60 \sim -80℃$ 的低温。但是，与其混合的大多数物质为丙酮、乙醇之类的有机溶剂，因而要求有防火的安全措施。使用时若不小心，用手摸到用干冰冷冻剂冷却的容器时，往往皮肤被粘冻于容器上而不能脱落，致使引起冻伤。

④ 充氨操作时应将氨瓶放置在充氨平台上，氨瓶嘴与充氨管接头连接时，必须垫好密封垫，接好后，检查有无漏氨现象，打开或关闭氨瓶阀门时，必须先打开或关闭输氨总阀。充氨量应不超过充氨容积的 80%。进入

冷冻机房必须配备氨用防毒面具，以备氨泄漏时使用。

5.5 高能高速类仪器设备使用安全

5.5.1 激光器

激光器（见图 5-12）因能放出强大的激光光线（可干涉性光线），所以若用眼睛直接注视，会烧坏视网膜，严重将导致失明，同时还有被烧伤的危险。

使用激光器应注意的事项包括如下几条。

① 使用激光器时，必须戴防护眼镜。

② 要防止反射光射入眼睛。要十分注意射出光线的方向，并同时查明没有反射壁（面）存在。

③ 最好把整个激光装置都覆盖起来。

图 5-12　激光器

④ 对放出强大激光光线的装置，要配备捕集光线的捕集器。

⑤ 因为激光装置使用高压电源，操作时必须加以注意。

5.5.2 微波设备

微波炉使用时的注意事项包括如下几条。

① 操作微波炉时，请勿在门缝置入任何物品，特别是金属物体。

② 不要在炉内烘干布类、纸制品类，因其含有容易引起电弧和着火的杂质。

③ 微波炉工作时，切勿贴近炉门或从门缝观看，以防止微波辐射损坏眼睛。

④ 切勿将密封的容器于微波炉内，以防容器爆炸。

⑤ 如果炉内着火，应紧闭炉火，并按停止键，再进行调校或关闭计时，然后拔下电源。

⑥ 经常清洁炉内，使用中性洗涤液清洁炉门及绝缘孔网，切勿使用具有腐蚀性清洁剂。

5.5.3 X射线发生装置

有 X 射线发生装置的仪器包括 X 射线衍射仪、X 射线荧光分析仪等。长期反复接受 X 射线照射，会导致疲倦，记忆力减退，头痛，白细胞降低等。一般防护的方法就是避免身体各部位（尤其是头部）直接受到 X 射线照射，操作时要注意屏蔽，屏蔽物常用铅玻璃。

X 射线室的注意事项包括如下几条。

① 在 X 射线室入口的门上，必须标明安置的机器名称及其额定输出功率。

② 对每周超出 $3\mu Sv$ 照射剂量的危险区域（管理区域），必须做出明确的标志。

③ 在 X 射线室外的走廊里，安装表明 X 射线装置正在工作的红灯标志。当 X 射线装置正作时，即把红灯点亮。

④ 从 X 射线装置出口射出的 X 射线很强（通常为 105R/min），因此，要注意防止在该处直接被照射。并且，确定 X 射线射出口的方向时，要选择向着没有人出入的区域。

⑤ 尽管对 X 射线装置屏蔽得十分充分，但要完全防止 X 射线泄漏或散射是很困难的。必须经常检测工作地点 X 射线的剂量，发现泄漏时，要及时遮盖。

⑥ 需要调整 X 射线束的方向或试样的位置、进行其他特殊实验时，必须取得 X 射线装置负责人的许可，并遵照其指示进行操作。

⑦ 使用 X 射线的人员要按实验的要求，穿上防护衣及戴上防护眼镜等必要的防护用具。

⑧ 使用 X 射线装置的人员，要定期检查身体。

5.5.4 高速离心机

高速离心机属常规实验室用离心机，广泛用于生物，化学，医药等科研教育和生产部门，它利用转子高速旋转产生的强大离心力，分离液体与固体颗粒或液体混合物中各组分，适用于微量样品快速分离合成。

目前，化学实验室常用的是电动离心机（见图 5-13）。电动离心机转动速度快，要注意安全，特别要防止在离心机运转期间，因不平衡或吸盘老化，而使离心机边工作边移动，以致从实验台上掉下来，或因盖子未盖，离心管因振动而破裂后，玻璃碎片旋转飞出，造成事故。因此使用离心机时，必须注意以下操作要点。

① 离心机套管底部要垫棉花。

② 电动离心机如有噪声或机身振动，应立即切断电源，即时排除故障。

③ 离心管必须对称放入套管中，防止机身振动，若只有一支样品管，另外一支要用等质量的水代替。

图 5-13　高速离心机

④ 启动离心机时，应盖上离心机顶盖后，方可慢慢启动。

⑤ 分离结束后，先关闭离心机，在离心机停止转动后，方可打开离心机盖，再取出样品，不可用外力强制其停止运动。

⑥ 离心机工作时间一般为 1～2min，在此期间，实验者不准离开。

5.6　机械设备使用安全

使用机械工具的作业，常常给初学者带来伤害。因此，必须在熟练操作者的指导下，掌握正确的操作方法，千万不可一知半解就勉强进行操作。操作机械加工设备的一般注意事项有如下几条。

① 操作机床时，要用标准的工具。损坏机械或丢失工具时，必须由当事人说明情况并负责配备。

② 机械操作常因加工材料的种类、形状等的变化而引发事故，所以要加以注意。

③ 对机械的传动部分（如旋转轴、齿轮、皮带轮、传动带等），要安装保护罩，以防直接用手去摸。对大型机械，要注意，即使切断了电源，也要经过一定时间，才能停止转动。

④ 当启动机器时，要严格实行检查、发信号、启动三个步骤。而停机时，也要实行发信号、停止、检查三个步骤。

⑤ 即便是停着的机械，也可能有其他不明情况的人合上电源开关。因

此，对其进行检查、维修、给油或清扫等作业时，要把启动装置锁上或挂上标志牌。同时，还要熟悉并正确使用安全装置的操作方法。

⑥ 停电时，一定要切断电源开关和拉开离合器等装置，以防再送电时发生事故。

⑦ 指示机械的构造或运转等情况，要用木棒之类东西指明，决不可使用手指。

⑧ 焊接（电焊或气焊）时，要由持有资格证的人员操作。

⑨ 工作服必须做得合适，使其既不会被机械缠着，又能轻便灵活地进行操作。工作服要把袖口、底襟束好。穿安全靴，决不可穿拖鞋或高跟鞋。操作旋转机器不能戴手套，要戴帽子、防护面罩及防护眼镜。

5.6.1 数控车床

数控车床（见图5-14）是一种应用领域广泛的车床。

图5-14 数控车床

为确保数控车床操作人员的人身安全，减少机械事故，保证生产顺利进行，所有数控车床操作人员必须严格遵守以下规则。

① 操作前要戴好防护用品，穿工作服，袖口应扎紧。要戴工作帽，女生的头发应塞入帽内。禁止穿裙子、短裤和凉鞋上机操作。操作中不准戴手套。

② 开机前检查车床各部分机构是否完好，各手柄位置是否正确。检查所有注油孔，并进行润滑。然后低速运转约2min，查看运转是否正常（冬天尤为重要）。若发现机床有异常响声，立即关机，检查修理（在手柄位置正确情况下）。

③ 床头、小刀架、床面不得放置工具、量具或其他东西。

④ 工件、刀具必须装夹正确、牢固。使用顶尖工作时，顶尖锥度伸出部分不可超过全长的三分之一，并加油润滑。

⑤ 粗车工件不能吃刀停车，应先退刀，后停车。

⑥ 用锉刀修正工件时，应右手在前、左手在后，身体离开卡盘（夹头）。禁止用砂布裹在工件上抛光，应比照用锉刀的方法，成直条状压在工件上。

⑦ 车内孔时，不准用锉刀倒角。用砂布抛光内孔时，不准将手指或手臂伸进孔内去打磨。

⑧ 加工细长工件要用顶针、跟刀架，车头后面伸出 300mm 以上时，必须用托架，并要有明显标志。

⑨ 根据工件材料、硬度、车削余量大小，合理选择进给量及吃刀量。

⑩ 工作时不得任意让车床空转。不无故离开车床。若要离开车床，必须将机床关闭并切断电源。

⑪ 工作时，必须集中精力。头不能离工件太近，以防切屑飞进眼睛。身体和衣服不能靠近正在旋转的机床，如带轮、齿轮、卡盘。车削有崩碎状切屑的工件时，必须戴上护目镜。

⑫ 车床开动时，不准用手去摸工件表面，特别是加工螺纹时，严禁用手抚摸螺纹面。停机时，不准用手去刹住转动的卡盘。

⑬ 凡装夹工件、更换刀具、测量加工表面以及变速时，须先停机。

⑭ 在车削时，清除切屑应该用铁钩子，绝不允许用手直接去拿或用量具去钩。

⑮ 工件装夹完毕，应及时取下卡盘扳手，以防开机后飞出伤人。

⑯ 不准任意装拆电器设备。

⑰ 车削铸铁件，床面不应加油，以免铁沫、砂粒粘损导轨，工作后必须将导轨面擦拭干净。

⑱ 使用自动走刀时，应先检查互锁和保险装置是否灵敏可靠。

⑲ 车床主轴箱存油以油标线为限，不足时应加油，运转温度保持在 60℃ 以下，发现温度升高，应采取降温措施，进行检修。

⑳ 工作结束后必须做到"三后"（尾架、大拖板、中拖板摇到后面），"两空"（主轴箱手柄放到空挡，机床总电源断开）。

㉑ 工具摆放整齐，不应乱堆乱放，实习完毕后应清点、清洁工具、量具，经老师确认后方可点离开。

㉒ 工作场地应保持清洁，实习完毕后要清扫实习场地，切屑等污物应送指定地点。

5.6.2 砂轮机

砂轮机（见图 5-15）是装有砂轮的、结构简单的电动机械装置，主要用于完成磨削粗糙工件、去毛刺、清理铸件、修磨刀、刃具、除锈、抛光等工作。在机械工厂中，砂轮机应用很普遍，具有转速高、结构简单、适用面广等特点。但同时砂轮机使用频繁，容易伤人，所以砂轮机在使用时有严格的操作程序和规定，违反操作规程将给操作人员造成伤害。下面介绍砂轮机安全操作规程及砂轮机使用注意事项。

图 5-15 砂轮机

（1）砂轮机安全操作规程

① 砂轮机的旋转方向要正确。

② 砂轮机启动后，应在砂轮机旋转平稳后再进行磨削。若砂轮机跳动明显，应及时停机修整。

③ 砂轮机托架和砂轮之间应保持 3mm 的距离，以防工件插入造成事故。

④ 磨削时应站在砂轮机的侧面，且用力不宜过大。

⑤ 根据砂轮机使用说明书，选择与砂轮机主轴转数相符合的砂轮。

⑥ 新领的砂轮要有出厂合格证，或检查试验标志。安装前如发现砂轮

的质量、硬度、粒度和外观有裂缝等缺陷，不能用。

⑦ 安装砂轮时，砂轮的内孔与主轴配合的间隙不宜太紧，应按松动配合的技术要求，一般控制在 0.05~0.10mm 之间。

⑧ 砂轮两面要装有法兰盘，其直径不得小于砂轮直径的三分之一，砂轮与法兰盘之间应垫好衬垫。

⑨ 拧紧螺帽时，要用专用的扳手，不能拧得太紧，严禁用硬的东西锤敲，防止砂轮受击碎裂。

⑩ 砂轮装好后，要装防护罩，挡板和托架。挡板和托架与砂轮之间的间隙，应保持在 1~3mm 内，并要略低于砂轮的轴心。

⑪ 新装砂轮启动时，不要过急，先点动检查，经过 5~10min 试转后，才能使用。

⑫ 初磨时不能用力过猛，以免砂轮受力不均而发生事故。

⑬ 禁止磨削紫铜、铅、木头等东西，以防砂轮嵌塞。

⑭ 磨刀时，人应站在砂轮机的侧面，不准两人同时在一个砂轮上磨刀。

⑮ 磨刀时间较长的刀具，应及时进行冷却，防止烫手。

⑯ 经常调整砂轮表面的平衡度，保持良好的状态。

⑰ 磨刀人员应戴好防护眼镜。

⑱ 吸尘机必须完好有效，如发现故障，应及时修复，否则应停止磨刀。

（2）砂轮机使用注意事项

① 应根据要加工工件的材质和加工进度要求，选择砂轮的粗细。较软的金属材料，例如铜和铝，应使用较粗的砂轮，加工精度要求较高的工件，要使用较细的砂轮。

② 根据待加工工件的形状，选择相适应的砂轮面。

③ 所用砂轮不得有裂痕、缺损等缺陷或伤残，安装一定要稳固。这一点，在使用过程中尤要时刻注意，一旦发现砂轮有裂痕、缺损等缺陷或伤残，立刻停止使用并更换新品；活动时，应立刻停机紧固。

④ 磨削时，操作人员应戴防护眼镜，以防止飞溅的金属屑和沙粒对人体的伤害。

⑤ 施加在被磨削工件上的压力应适当，过大将产生过热而使加工面退火，严重时将不能使用，同时造成砂轮寿命过快降低。

⑥ 对于宽度小于砂轮磨削面的工件，在磨削过程中，不要始终在砂轮

的一个部位进行磨削,应在砂轮磨削面上以一定的周期进行左右平移,目的是使砂轮磨削面能保持相对平整,便于以后的加工。

⑦ 为了防止被磨削的工件加工面过热退火,可随时将磨削部位放入水中进行冷却。

⑧ 定期测量电动机的绝缘电阻,应保证不低于 5MΩ,应使用带漏电保护装置的断路器与电源连接。

5.6.3 三离子束切割仪

三离子束切割仪(见图 5-16)是由四分割 LED 环形照明设备、大面积观察窗、不破真空样品位置调节窗、长筒显微镜等部件共同构成的机械设备,适用于切割硬的、软的、多孔的、热敏感的、脆的或非均质多相复合型材料,可获得高质量切割截面,可有效避免涂抹效应,能暴露样品细微结构。用这种设备切割的样品断面适宜于扫描电子显微镜(SEM)微区分析(能谱分析 EDS,波谱分析 WDS,俄歇分析 Auger,背散射电子衍射分析 EBSD)和原子力显微镜(AFM)分析。配备的旋转样品台可对观察面进行研磨处理以获得高质量的样品表面。使用三离子束切割仪应注意以下事项:

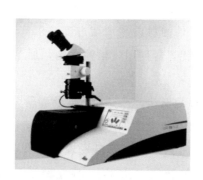

图 5-16 三离子束切割仪

① 样品切割时,需要保证样品上表面与下表面平齐,且样品上表面平整。

② 做冷冻切割时,冷冻切割温度要小于样品的玻璃化转变温度。

③ 输入参数时,注意参数限制,防止损坏旋转台。

④ 旋转台在振动或旋转时不要安装或者卸载样品。

⑤ 更换操作台执行初始化程序时不要安装样品，防止损坏离子枪。

⑥ 当离子枪使用时间大于 350h 时，主界面跳出警告，提示离子枪使用时间超限，需要更换离子枪，其使用时间指示变成红色。

5.6.4 万能材料试验机

万能材料试验机（见图 5-17）是塑料混配实验室中用于判断材料是否适用于某些特定的加工或终端应用的试验设备。人们经常使用万能材料试验机来拉伸、弯曲、压缩和剪切材料，并通过实验数据评估材料的性能、应用、开发、研究和质量控制。在测试过程中，通过不同速度的调整，对材料样品进行拉伸、弯曲、压缩或牵引试验。万能材料试验机可用于产品质量控制，以确保产品质量各批次的一致性。

图 5-17 万能材料试验机

目前，用万能材料试验机测试的常见项目是拉伸强度、拉伸模量、弯曲强度和模量。根据 ASTMD638 和 ISO527 进行拉伸试验时，样条两端都用夹具夹紧，一个是静止的，另一个固定在十字头上，通过移动固定夹具，牵引样条直至样条断裂，断裂时十字头会自动停止。因此，标准的试验方法要求计算应变为 5% 时的弯曲应力。万能材料试验机包括一个或多个垂直承载柱，柱上安装固定的水平底座，顶部有一个可移动的水平十字头（十字梁）。现在的万能试验机，柱子上通常用滚珠丝杠来固定可移动的十字头。万能材料试验机的尺寸由框架的承载水平和测量载荷/张力的测力计共同表示。测力计附着在由电机或液压装置驱动的可移动十字头上。带夹具的系列测力计可以通过数字显示器或 PC 显示测量的结果。许多万能材料试验机具有可互换的测力计，因此可以匹配测试不同材料。

万能材料试验机的具体操作：

① 试验前做好一切准备，检查机器是否正常。

② 根据样品，首先估计所用负荷范围，选择合适的重量和刻度盘。

③ 根据样品尺寸和试验性质，选择并安装适当的夹具或附件。

④ 试验前，在机器启动时，先将油缸提升 20~30mm，将指针对准零点，将平衡锤刻线对准机器上刻线。

⑤ 在进行危险试验时（如钢丝绳、链弹簧等），必须在试验样品周围安装好防护挡板。

⑥ 做有氧化铁皮试验时（如钢板、竹节钢等），下夹头必须用盖板覆盖。

⑦ 脉动试验的试验机必须按照说明书进行。

⑧ 试验结束后，油缸中的油必须放回储油箱，并取下荷重。

5.7 土木工程设备使用安全

5.7.1 水泥净浆搅拌机

水泥净浆搅拌机 NJ-160A（见图 5-18）主要由双速电机、传动箱、主轴、偏心座、搅拌叶、搅拌锅、底座、立柱、支座、外罩、程控器等组成，是用于制作测定水泥标准稠度、凝结时间的净浆及制作安定性试块的专用搅拌设备。

图 5-18 水泥净浆搅拌机 NJ-160A

水泥净浆搅拌机 NJ-160A 在操作时应注意以下几点：

① 使用前检查电源接线是否一致，防止反转。

② 接通电源，红色指示灯亮表示电源已接通，先将水泥 500g 放入搅拌锅内，然后将搅拌锅放入支撑搅拌工作的定位位置。

③ 将按钮开关转到自动位置，然后按下小按钮开关，加入所用的水，自动完成。

④ 然后拉动手柄向下移动搅拌罐，逆时针旋转搅拌锅至松开位置，取

下搅拌锅。

⑤ 试验完毕，切断电源。

⑥ 每次使用后应彻底消除搅拌板和搅拌锅内、外残余砂浆，将机器擦拭干净，套上防尘罩。

⑦ 小心操作搅拌罐，不可随意碰撞，以免造成搅拌锅变形。

5.7.2　水泥胶砂振实台

水泥胶砂振实台（见图 5-19）主要由振动部件、机架部件和接近开关程控系统组成。工作时由同步电动机带动凸轮转动，使振动部件上升运动，升到定值后落下，产生振动使水泥胶砂在力的作用下振实，该仪器采用接近开关计数自动控制，60 次后自动停止，使用方便，计数准确。主要用于制作水泥强度检验所测试样。

图 5-19　水泥胶砂振实台

水泥胶砂振实台在使用时应注意如下几点：

① 注意查看工作环境是否符合安全标准：在使用水泥胶砂搅拌机及振实台前，必须检查工作环境是否符合安全标准。

② 操作时需要合格的防护用品：在操作水泥胶砂搅拌机及振实台时，需要佩戴符合安全标准的防护用品，例如手套、口罩等。在喷水作业中，更应该佩戴眼镜和工作服等防护用品。

③注意维护设备的卫生：在施工完后，应及时将设备进行清洁、消毒。特别是在喷水作业后，应清洗好喷嘴和喷水管等组件，以免出现堵塞。

④ 注意设备的防静电处理：按照相关要求进行防静电处理，避免发生因静电释放而引起的火灾。

5.7.3　水泥细度负压筛析仪

水泥细度负压筛析仪（见图 5-20）主要有筛座、微电机、吸尘器、旋风筒及电器控制组成，是用于测试硅酸盐水泥、普通硅酸盐水泥、矿渣硅

图 5-20 水泥细度负压筛析仪

酸盐水泥、粉煤灰硅酸盐水泥、复合硅酸盐水泥细度的仪器。

在使用水泥细度负压筛析仪的过程中，应注意以下事项：

① 定期倒掉集尘瓶中的水泥。

② 如果使用一段时间后负压达不到国家标准要求（-4000～-6000Pa）时，应清洁吸尘器中的收尘袋。

③ 吸尘器连续工作不应超过 15min，否则易过热烧坏。

5.7.4 混凝土贯入阻力测定仪

混凝土贯入阻力测定仪 HG-1000（见图 5-21）采用贯入针固定，试料容器向上运动实现贯入阻力测试。电动机通过行星减速器把 2r/min 的转速传给凸轮，凸轮推动滚轮匀速上升，因而升降套及安放在底盘上的试料容器同时匀速上升，使之实现贯入运动。从而利用贯入阻力法来测定混凝土的凝结时间。

图 5-21 混凝土贯入阻力测定仪 HG-1000

使用混凝土贯入阻力测定仪 HG-1000 时，应注意以下事项：

① 仪器使用完毕必须将各部位擦拭干净，并在非油漆的金属表面上油以防锈蚀。

② 仪器的底盘有油杯，使用一段时间后必须向油杯内注入润滑油，以润滑升降套。

③ 使用一定时间后，旋动调零螺钉到极限位置而不能使压力表指针调到零线，此时应添加油液。

④ 加油时首先拧开调零螺塞顶上的加油螺塞，然后将调零螺塞旋高至适当位置，从螺孔中将油加入，特别要注意不能将空气混入，加油至孔口，最后将加油螺塞拧上，挤出多余油液，拧紧，擦干即可。

⑤ 年检时，不可拆下压力表，送检必须整机校验。

5.7.5 钢筋锈蚀测定仪

钢筋锈蚀测定仪（见图 5-22）是利用电化学测定方法对混凝土中钢筋的锈蚀程度进行无损测量的器具，具有精度高、重现性好、灵敏可靠、操作使用简便、寿命长，试验结果具有科学性、一致性和可靠性等特点。

钢筋锈蚀测定仪在使用过程中应注意以下事项：

① 使用温度：0～50℃；

② 使用饱和硫酸铜溶液；

③ 测试前使用含洗涤剂的水喷洒混凝土表面，使混凝土表面足够润湿，以没有自由水留下为准；

图 5-22　钢筋锈蚀测定仪

④ 混凝土表面不能有油性物覆盖；

⑤ 当临近测点读数差值超过 150mV 时，加密测点。

对于钢筋锈蚀测定仪，在保养方面应注意：

① 铜棒上经常会有黑色沉淀物产生，使用体积分数为 2% 的 HCl 和蒸馏水清除，千万不要试图用金属工具清除铜棒上的沉淀物；

② 不使用设备时，应将设备妥善保存；

③ 硫酸铜溶液每月至少更换一次。

5.8　贵重仪器设备使用安全

大型精密仪器设备是高校实验室资产的重要组成部分，在教学，科研中有着十分重要的作用。大型精密仪器设备价格昂贵，属于贵重资产，一旦出现使用不当，就会造成重大损失。为确保大型仪器设备正常运行，必须对其加强安全管理，师生在使用前必须充分了解使用设备的安全注意事项。

5.8.1　气相色谱仪

气相色谱仪（见图 5-23）是一种运用于多领域的精密仪器，它能对汽油及原油作组成分析，能用于大气与水质的分析，可分析药物的组成与含量，可用于检测蔬菜、水果中有机氯、拟除虫菊酯等农药残留量，亦可用于酒类、果汁等食品中添加剂的分析。

气相色谱仪的操作涉及送气、加温、进样、检测等各个步骤，各个步骤所用的设备的使用注意事项如下。

（1）钢瓶使用注意事项

① 分清钢瓶种类，不同的气体钢瓶分开存放。

图5-23 气相色谱仪

② 氢气钢瓶一定要与色谱仪放在不同的房间。

（2）减压阀的使用及注意事项

在气相色谱分析中，钢瓶供气压力在9.8～14.7MPa。减压阀（见图5-24）与钢瓶配套使用，不同气体钢瓶所用的减压阀是不同的。氢气减压阀接头为反向螺纹，安装时需小心。使用时需缓慢调节手轮，使用完后必须旋松调节手轮和关闭钢瓶阀门。关闭气源时，先关闭减压阀，后关闭钢瓶阀门，再开启减压阀，排出减压阀内气体，最后松开调节螺杆。

图5-24 减压阀

（3）热导池检测器的使用及注意事项

① 开启热导电源前，必须先通载气，实验结束时，把桥电流调到最小值，再关闭热导电源，最后关闭载气。

② 气化室、柱箱和检测器各处升温要缓慢，防止超温。现在的气相色谱仪一般采用自动控制升温，需要事先设定好升温程序。

③ 更换气化室密封垫片时，应将热导电源关闭。若流量计浮子突然下落到底，也应首先关闭该电源。

④ 桥电流不得超过允许值。

（4）氢火焰检测器的使用及注意事项

① 通氢气后，待管道中残余气体排出后才能点火，并保证火焰是点着的。

② 使用氢火焰检测器时，应将设备罩住，以保证良好的屏蔽和防止空气侵入。

③ 离子室温度应高于100℃，待柱箱温度稳定后，再点火，否则离子室易积水，影响电极绝缘而使基线不稳。如果离子室积水，可将端盖取下，待离子室温度较高时再盖上。在工作状态下，取下检测器罩盖，不能触及极化极，以防触电。

(5) 微量注射器的使用及注意事项

① 微量注射器（见图 5-25）在使用前后都需用丙酮或丁酮等溶剂清洗，而且不同种类试剂要有不同的微量注射器分开取样，切不可混合使用，否则会导致试剂被污染。

② 微量注射器是易碎器械，针头尖利，使用时应多加小心。不用时要洗净放入包装盒内，不要随便摆弄。

图 5-25　微量注射器

③ 对 10~100μL 的注射器，如遇针尖堵塞，宜用直径为 0.1mm 的细钢丝耐心穿通（工具箱中备有），不能用火烧的方法。

5.8.2　质谱仪

质谱仪（见图 5-26）又称质谱计，是用于分离和检测不同同位素的仪器。该类仪器可根据带电粒子在电磁场中能够偏转的原理，按物质原子、分子或分子碎片的质量差异进行分离和检测物质组成。质谱仪按应用范围分为同位素质谱仪、无机质谱仪和有机质谱仪。按分辨本领分为高分辨、中分辨和低分辨质谱仪；按工作原理分为静态仪器和动态仪器。质谱仪的使用注意事项包括如下几条。

图 5-26　质谱仪

① 实验过程中，切勿用肥皂泡检查气路，检查气路时一定要与质谱仪接口断开。这点非常重要，很多质谱仪都是因为学生采用肥皂泡检漏使得四级杆污染无法继续使用。

② 因为质谱稳定需要 24h 以上，频繁开关质谱仪也会加速真空规污染。所以一般情况下质谱仪要保持运行状态，除非 15 天以上不用仪器，方可关闭。在预知停电的情况下，

请提前关掉质谱仪。

③ 泵油的更换。要经常观察泵油颜色,当变成黄褐色时应立即更换。如果仪器使用频繁且气体比较脏,则要求至少半年更换一次,加入泵油量不超过最上层液面。

④ 散热过滤网应定期进行清洗(每两月清洗一次),在夏天没有空调的房间使用时尽量打开上盖,以防影响仪器散热。

⑤ 毛细管在不与外部仪器连接时,不要直接放置在脏的桌面上,尽量悬空放置;毛细管内部的过滤器要定期清洗,在拆装过程中注意不要丢失部件。

⑥ 在仪器运输过程中需要放出泵油,还需卸掉射频头,单独运输。

5.8.3 气相色谱-质谱联用仪

图 5-27 气相色谱-质谱联用仪

气相色谱-质谱联用仪(见图 5-27)是由真空系统、进样系统、离子源、质量分析器、检测器及采集数据和控制仪器的工作站共同组成的,广泛应用于环保、电子、纺织、石油化工、香精香料、医药、农业及食品安全等领域。气相色谱-质谱联用仪的使用注意事项包括如下几条。

(1) 载气系统

气体纯度必须达到 99.999%(体积分数),并使用专用钢瓶灌装。载气纯度不够,或剩余的载气量不够,会造成 m/z28 谱线丰度过大。根据所用载气质量,当气瓶的压力降低到几兆帕时,应更换载气,以防止瓶底残余物对气路的污染。

(2) 空气和真空泄漏的确认及检漏

气相色谱部分的空气泄漏通常会发生在内部的载气管接头、隔垫定位螺母、柱螺母等位置。质谱真空是否出现空气泄漏,可从压力和空气/水的背景图谱进行判断。若漏气严重,此时要立即关掉电源,否则会造成灯丝熔断。

(3) 进样系统

更换进样隔垫时先将柱温降至50℃以下，关闭阀门。如果阀门不关闭，当旋开进样口螺帽时，大量载气漏失，气相色谱的所有加温部分会自动关闭，需重新开机才能开启。更换隔垫时，注意进样口螺帽不要拧得太紧，否则隔垫被压紧，橡胶失去弹性，针扎下去会造成打孔效应，缩短进样垫使用寿命。

衬管应视进样口类型、样品的进样量，进样模式，溶剂种类等因素来选用。尤其是分流、不分流衬管，注意不要混用，安装时上下不要装反。衬管的洁净度直接影响到仪器的检测限，应注意对衬管进行检查，更换下来的衬管如果不太脏可以用无水甲醇或丙酮超声清洗，取出烘干后继续使用。

应使用硅烷化处理过的石英棉，未处理过的石英棉对分析物特别是极性化合物吸附严重。使用过的石英棉应丢弃，不能重复使用。

(4) 开机和关机

开机时先开气相色谱，后开质谱，设定合适的离子源温度和传输线温度，不要忘记打开真空补偿，否则真空难以达到要求。实验前需先确定离子源是否到达指定温度，确认真空没有泄漏。关机前应先关闭传输线，离子源温度需降至175℃以下，等待分子涡轮泵转速降下来后，方可关闭电源。

5.8.4 高效液相色谱仪

高效液相色谱仪（见图5-28）是应用高效液相色谱原理，主要用于分析高沸点不易挥发的、受热不稳定的和分子量大的有机化合物的仪器设备。它由储液器、泵、进样器、色谱柱、检测器、记录仪等几部分组成。储液器中的流动相被高压泵打入系统，样品溶液经进样器进入流动相，被流动相载入色谱柱（固定相）内。由于样品溶液中的各组分在两相中具有不同的分配系数，在两相中做相对运动时，经过反复多次的吸附-解吸的分配过程，各组分在移动速度上产生较大的差别，被分离成单个组分依次从柱内流出，通过检测器时，样品浓度被转换成电信号传送到记录仪，数据以图谱形式打印出来。高效液相色谱仪广泛应用于生命科学、食品

图5-28 高效液相色谱仪

科学、药物研究以及环境研究中。

（1）高效液相色谱仪在使用过程中出现的问题

① 操作过程若发现压力很低，则可能是管件连接有漏，应注意检查。当出现错误警告时一般为漏液。漏液故障排除后，擦干，然后再点击操作。

② 连接柱子与管线时，应注意拧紧螺钉的力度，过度用力可导致连接螺钉断裂。

③ 操作过程若发现压力非常高，则可能管路已堵，应先卸下色谱柱，然后用分段排除法检查，确定何处堵塞后将其解决。若是保护柱或色谱柱堵塞，可用小流量流动相或以小流量异丙醇冲洗，还可采用小流量反冲的办法，若还是无法通畅，则需换柱。

④ 运行过程中自动停泵，可能是压力超过上限或流动相用完。

⑤ 泵压不稳或流量不准，可能是柱塞杆密封圈问题，需更换。

⑥ 基线漂移或者基线产生不规则噪声，可能是因为系统不稳定或没达到化学平衡、流动相被污染（需更换流动相，清洗储液器、过滤器，冲洗并重新平衡系统）、色谱柱被污染或者检测器不稳定。

（2）高效液相色谱仪的使用注意事项

① 使用中要注意各流动相所剩溶液的体积设定，若设定的体积低于最低限，仪器会自动停泵，注意洗泵溶液的体积，及时加液。

② 正式进样分析前 30min 左右开启氘灯或钨灯，以延长灯的使用寿命。

③ 使用手动进样器进样时，在进样前后都需用洗针液洗净进样针筒。洗针液一般选择与样品液一致的溶剂，进样前必须用样品液清洗进样针筒 5 遍以上，并排除针筒中的气泡。

④ 溶剂瓶中的沙芯过滤头容易破碎，在更换流动相时应注意保护，当发现过滤头变脏或长菌时，不可用超声洗涤，可用 5% 稀硝酸溶液浸泡后再洗涤。

⑤ 实验过程中不要使用高压冲洗色谱柱，防止固定相流失。

⑥ 不要在高温下长时间使用硅胶柱。

⑦ 实验结束后，一般先用水或低浓度甲醇水溶液冲洗整个管路 30min 以上，再用甲醇冲洗。冲洗过程中关闭氘灯或钨灯。

⑧ 关机时，先关闭泵，检测器等，再关闭工作站，然后关机，最后自下而上关闭色谱仪各组件，关闭洗泵溶液的开关。

5.8.5 场发射扫描电子显微镜

场发射扫描电子显微镜（FESEM）（见图 5-29）是电子显微镜的一种。该仪器具有超高分辨率，能做各种固态样品表面形貌的二次电子像、反射电子象观察及图像处理。具有高性能 X 射线能谱仪，能同时进行样品表层的微区点线面元素的定性、半定量及定量分析，具有形貌、化学组分综合分析能力。

图 5-29　场发射扫描电子显微镜

使用的注意事项有以下几点：

① 使用扫描电镜时，一定要确保电源的持续和稳定，注意用电安全。当出现短路、起火等重大故障时，应立即切断设备电源和 UPS 电源。

② 在移动、升降或倾斜样品台时，一定要在 TV 模式下进行，确保样品台不会碰撞到物镜和探测器。尤其在样品台上升的过程中，一定要观察样品的高度，要求工作距离大于 8mm。

③ 正常测试时，注意不要碰到操纵杆，以免样品的高度和倾斜度发生变化，损坏物镜和探测器。

④ 开关舱门时必须轻拉轻推，避免撞击或震动而损坏探测器。

⑤ 电镜室隔间的空调一定要保持打开状态，不能关闭。

⑥ 不要在电镜专用的电脑上私自安装其他软件，以防电脑系统崩溃。

⑦ 不要在电镜主机台面上放置尖锐小物件（如螺钉、旋具等），以防破坏气垫。

参考文献

[1] 李五一. 高等学校实验室安全概论[M]. 杭州:浙江摄影出版社,2006.

[2] 黄凯,张志强,李恩敬. 大学实验室安全基础[M]. 北京:北京大学出版社,2012.

[3] 朱莉娜,孙晓志,弓保津,等. 高校实验室安全基础[M]. 天津:天津大学出版社,2014.

[4] LISA M, TINA M. Chemical laboratory safety and security: A guide to prudent chemical management [M]. Washington, D. C.: The National AcademiesPress, 2010.

[5] 阳富强,毛亚军,陶菁. 基于FDA事故致因模型的高校实验室安全管理[J]. 实验技术与管理,2021,38(04):307-311.

[6] 万晔,严川伟,屈庆,等. 钢筋混凝土失效检测及其耐久性研究进展[J]. 腐蚀科学与防护技术,2002(1):42-44+48.

[7] 张静. 钢筋混凝土保护层厚度检测技术[J]. 建筑技术开发,2014,41(7):36-37.

[8] 中国工业气体工业协会. 气瓶使用安全注意事项[EB/OL].(2020-08-31)[2023-03-28]. http://www.cigia.org.cn/v/aqzx/4660.html.

[9] 王桂友,臧斌,顾昭. 质谱仪技术发展与应用[J]. 现代科学仪器,2009(6):124-128.

[10] 蔡仕能. 气相色谱质谱联用在食品检验中的应用[J]. 食品安全导刊,2015(3):57-58.

[11] 漆小平,邱广斌,崔景辉. 医学检验仪器[M]. 北京:科学出版社,2014.

[12] 周健民. 土壤学大辞典[M]. 北京:科学出版社,2013.

[13] 马礼敦. 高等结构分析[M]. 上海:复旦大学出版社,2002.

[14] 陈莉,徐军,苏犁. 场发射环境扫描电镜上阴极荧光谱仪在锆石研究中的应用[J]. 电子显微学报,2005,24(4):334.

第6章

实验室生物与辐射安全

生物实验室是理工类大学中不可或缺的组成部分。虽然从事高致病性病原微生物研究的实验室不多，但实验室感染是客观存在的现象。直接与致病性或高致病性病原微生物打交道，本身就存在风险。为了保护实验人员，各类生物实验室都制定了相应的管理规范。本章将详细介绍实验室生物安全防护设施、个人防护装备、意外事件处理等内容，使学生学习到在生物实验中保护自己的知识和技能。实验室中许多测试设备会发出强辐射。放射性物质以波或微粒形式发射出的一种能量就叫核辐射，核爆炸和核事故都有核辐射。科研人员应当学会如何应对实验室内仪器发出的辐射，本章将介绍放射性事故的防范方法，以提高学生应对此类事故的能力。

6.1 实验室生物安全防护设施

6.1.1 生物安全实验室

实验室是进行科研工作的必需场所，根据危险度等级，包括传染病原的传染性和危害性，国际上将生物实验室按照生物安全水平（Biosafety level, BSL）分为 P1 (Protection level 1)、P2、P3 和 P4 四个等级，由于大多数理工科学校只涉及一级/二级生物安全实验室，因此本节仅介绍该两级生物安全实验室。

6.1.1.1 一级生物安全实验室（BSL-1）

（1）实验室准入规定

① 在处理危险度2级或更高危险度级别的微生物时，在实验室门上应标有国际通用的生物危害警告标志。

② 只有经批准的人员方可进入实验室工作区域。儿童不能进入实验室工作区域。

③ 实验室的门应保持关闭。

④ 进入动物房应当经过特别批准。

⑤ 与实验室工作无关的动物不得带入实验室。

（2）实验人员的自我防护

① 在实验室工作时，任何时候都必须穿着连体衣、隔离服或工作服。

② 在进行可能直接或意外接触到血液、体液及其他具有潜在感染性实验材料或动物的操作时，应戴上合适的手套。手套用完后，应先消毒再摘除，随后必须洗手。在处理完感染性实验材料和动物后以及在离开实验室工作区域前，都必须洗手。

③ 为了防止眼睛或面部受到泼溅物、碰撞物或人工紫外线辐射的伤害，必须戴安全眼镜、面罩（面具）或其他防护设备。

④ 严禁穿着实验室防护服离开实验室，如去餐厅、咖啡厅、办公室、图书馆、员工休息室和卫生间等。不得在实验室内穿露脚趾的鞋子。禁止在实验室工作区域进食、饮水、吸烟、化妆和处理隐形眼镜。禁止在实验室工作区域储存食品和饮料。实验室用品应该与日常生活用品隔离放置。

（3）操作规范

① 所有的技术操作都要避免气溶胶和微小液滴的形成。

② 应限制使用皮下注射针头和注射器。除了进行肠道外注射或抽取实验动物体液，皮下注射针头和注射器不能用于替代移液管或用作其他用途。

③ 必须制定处理溢出物的书面操作程序，并予以遵守执行。

④ 污染的液体在排放到生活污水管道以前必须进行清除污染处理（采用化学或物理学方法）。根据所处理的微生物因子的危险度评估结果，可能需要准备污水处理系统。

⑤ 出现溢出、事故以及感染性物质明显或可能暴露时，必须向实验室

主管报告。实验室应保存这些事件或事故的书面报告。

（4）实验室工作区管理规则

① 实验室应保持清洁整齐，严禁摆放与实验无关的物品。

② 发生具有潜在危害性的材料溢出以及在每天工作结束之后，都必须清除工作台面的污物。

③ 所有受到污染的材料、标本和培养物在废弃或清洁再利用之前，必须清除污染。

④ 在进行包装和运输时必须遵守相关规定及标准。

⑤ 如果窗户可以打开，则应安装防止节肢动物进入的纱窗。

（5）基本生物安全设备

① 移液辅助器。

② 生物安全柜。在以下情况使用：

a. 处理感染性物质：如果使用密封的安全离心杯，并在生物安全柜内装样、取样，则这类材料可在开放实验室离心。

b. 空气传播感染的危险增大时。

c. 进行极有可能产生气溶胶的操作时（包括离心、研磨、混匀、剧烈摇动、超声破碎、打开内部压力和周围环境压力不同的盛放有感染性物质的容器、动物鼻腔接种以及从动物或卵胚采集感染性组织）。

③ 也可在生物安全柜内使用电加热接种环，以减少生成气溶胶。

④ 螺口盖试管及瓶子。

⑤ 用于清除感染性材料污染的高压灭菌器或其他适当工具。

在投入使用前，高压灭菌器和生物安全柜等设备必须用正确方法进行验收。应参照生产商的说明书定期检测化学品、火、电、辐射以及仪器设备安全。

6.1.1.2　二级生物安全实验室（BSL-2）

典型的二级生物安全防护实验室如图 6-1 所示。

在生物安全柜中进行可能发生气溶胶的操作时，门应保持关闭并贴上相应的标识。潜在被污染的废物应与普通废物隔开。

① 满足一级生物安全实验室的要求。

② 实验室门应带锁并可自动关闭。实验室的门应有可视窗。

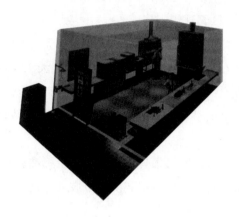

图 6-1 典型的二级生物安全防护实验室

③ 应有足够的存储空间摆放物品以方便使用。在实验室工作区域外还应当有供长期使用的存储空间。

④ 在实验室内应穿专门的工作服，戴乳胶手套。

⑤ 在实验室所在的建筑内应配备高压蒸汽灭菌器，并按期检查和检验，以保证符合要求。

⑥ 应在实验室内配备生物安全柜。

⑦ 应设洗眼设施，必要时应有应急喷淋装置。

⑧ 应通风，如使用窗户自然通风，应有防虫纱窗。

⑨ 有可靠的电力供应和应急照明。重要设备，如培养箱、生物安全柜、冰箱等，必要时应设备用电源。

⑩ 实验室出口应有在黑暗中可明确辨认的标识。

⑪ 在实验室的工作区域外应有存放个人衣物以及用品的条件。

6.1.2 生物安全防护设施

6.1.2.1 负压安全罩

安全罩是置于实验室工作台或仪器设备上的负压排风罩，以减小实验室工作者的暴露危险。

6.1.2.2 动物隔离器

动物隔离器是一种符合微生物学要求的、与外界隔离的、可饲养无菌动物的装置，一般采用密闭箱的形状。隔离器根据隔离室内外的气压差分为正压隔离器和负压隔离器两大类。正压隔离器用于饲养无菌动物和悉生动物等；负压隔离器主要用于饲养感染动物和放射性同位素污染动物等。隔离器从材质上分为钢制隔离器和塑料隔离器。钢制隔离器还分为自身具有高压蒸汽灭菌功能的封闭式隔离器和需被放入高压蒸汽灭菌处理的开放式隔离器；塑料隔离器又分为硬质和软质塑料隔离器。对于微生物感染的试验动物操作主要采用负压隔离器。

6.1.2.3 传递隔离器

传递隔离器是用于传递物品和动物的隔离系统，分为正压和负压隔离器。隔离器及其辅助装置共同组成的隔离系统，用于饲养无特定病原体动物（SPF）、无菌动物和悉生动物。隔离器可置于亚屏障系统或开放系统内运转。如在开放系统内，则要严格控制系统内的温度、湿度。

操作时，工作人员只能通过隔离器上的橡胶手套来进行饲养或实验。物品通过包装消毒后，由灭菌渡舱或传递窗传给人；动物是经由无菌剖宫产的方法进入。进入隔离器的空气，应经高效过滤，保证隔离器内空气洁净度达100级，无菌并维持正压状态。根据实验需要也可维持负压状态，但需要配置空气排放装置，保证空气排放符合标准。

6.1.2.4 安全解剖台

在操作病原微生物感染的实验对象时，为了确保工作人员的安全、确保周围环境的安全、确保标本传送的安全，应使用安全解剖台。其主要特点是防止操作时的喷溅，使用了负压装置。当致病微生物的生物安全等级较高时，应建立以安全解剖台为中心的解剖实验室，如 SARS 尸体解剖实验室。

6.1.2.5 压力蒸汽灭菌器

由于高压蒸汽灭菌的目的是保证无菌操作。为达到此目的，操作时应注意如下事项：

① 检查包装的完整性，若有破损不可作为无菌物品使用。

② 湿包和有明显水渍的包不作为无菌包使用。对于启闭式容器，应先检查筛孔是否已关闭。

③ 每批物品灭菌处理完成后，应按流水号登册，记录灭菌物品包的种类、数量、灭菌温度、作用时间和灭菌日期与操作者等。有温度、时间记录装置的，应将记录纸归档备查。

④ 合格的灭菌物品，应标明灭菌日期，合格标志。

⑤ 灭菌后的物品，应放入洁净区的柜橱或架子上、推车内；柜橱或架子应由不易吸潮、表面光洁的材料制成，表面再涂以不易剥蚀脱落的涂料，使之易于清洁和消毒。

⑥ 灭菌后物品储存的有效期受包装材料、封口的严密性、灭菌条件和储存环境等诸多因素影响。对于棉布包装材料、牛皮纸和开启式容器，建议温度在 25℃ 以下时保存 7～14 天，潮湿多雨季节应缩短天数。对于一次性无纺布、一次性包装纸和纸塑包装材料，其有效期通常为 180 天。

6.1.3　实验室生物安全标识

（1）生物安全标识

生物安全标识如图 6-2 所示。

图 6-2　生物安全标识

（2）生物危险标识的使用

在二级以上的生物安全实验室的入口明显位置，必须贴有生物安全标识，并标明级别。

所有盛装传染性物品的容器表面明显位置，必须贴有生物安全标识，并按所在生物安全实验室的级别，标明传染性物品的级别。

（3）病原微生物实验室生物安全标识

病原微生物实验室生物安全标识如表 6-1 所示。

表 6-1 病原微生物实验室生物安全标识

禁止标识				
编号	图形标识	名称	标识种类	设置范围和地点
1-1		禁止入内 No entering	J	可引起职业病危害的作业场所入口处或涉险区周边，如可能产生生物危害的设备故障时，维护、检修存在生物危害的设备、设施时，根据现场实际情况设置
1-2		禁止通行 No thoroughfare	H,J	有危险的作业区，如实验室、污染源等处
1-3		儿童禁止入内 No children will be admitted	J	易对儿童造成事故或伤害的场所，如实验室区域、各种污染源区域等
1-4		禁止宠物入内 No pets	J	宠物进入该区域会携带传染病菌，易对人员造成伤害的场所，如实验室区域、各种污染源区域等
1-5		禁止吸烟 No smoking	J	实验室、禁止吸烟的场所，如实验室区域、二氧化碳储存场所和医院等
1-6		禁止烟火 No burning	J	实验室易燃易爆化学品存放，使用处和实验室操作区

续表

		禁止标识		
编号	图形标识	名称	标识种类	设置范围和地点
1-7		禁止明火 No open flames	H,J	实验室易燃易爆化学品存放、使用处和实验室操作区，如通风橱、通风柜和药品储存柜等
1-8		禁止携带首饰、金属物或手表 No metallic accessories	J	开展实验活动的场所，如：实验室入口处或更衣室入口处
1-9		禁止堆放 No stocking	J	消防器材存放处、消防通道、便携式洗眼器和紧急喷淋装置附近
1-10		禁止合闸 No switching on	J	设备或线路检修时，相应开关附近
1-11		禁止用水灭火 No extinguishing with water	H,J	储运、使用中不准用水灭火的物质场所，如变压器室、实验室核心区和精密仪器等
1-12		禁止靠近 No nearing	J	不允许靠近的危险区域，如变电设备、高等级生物安全实验室设备机房等附近
1-13		禁止推动 No pushing	J	易于倾倒的装置或设备，如气体钢瓶和精密仪器等
1-14		禁止触摸 No touching	J	禁止触摸的设备或物体附近，如实验室电源控制箱、压力蒸汽灭菌器高压灭菌过程中的表面、液氮，及具有毒性、腐蚀性物体等

第6章　实验室生物与辐射安全

续表

禁止标识					
编号	图形标识	名称	标识种类	设置范围和地点
1-15		禁止戴手套触摸 No touching with gloves	J	禁止戴有受（病原微生物）污染的手套触摸的仪器设备和用品附近
1-16		禁止拍照或摄录 No photos & video	J	根据管理要求不得拍摄或使用闪光灯易影响实验活动或造成仪器设备和人员光波损伤等不良后果的场所
1-17		禁止开启无线移动通讯设备 No activated mobile phones	J	使用无线移动通讯设备易造成爆炸、燃烧和电磁干扰及泄密的场所
1-18		禁止用嘴吸液 No sucking liquid	J	实验时，禁止用口吸方式移液
1-19		禁止饮食 No food or drink	J	易于造成人员伤害的场所，如实验室区域、污染源入口处、医疗垃圾存放处和手术室等
1-20		禁止存放食物 No food storage	J	禁止存放食物的区域或地方，如实验室区域、污染源入口处、医疗垃圾存放处和手术室等
1-21		禁止乱扔废弃物 No littering	J	废弃物扔到指定的地点或容器内，如利器盒、医疗垃圾袋和指定的容器中
1-22		禁止开启 No opening	J	因工作需要而禁止开启的实验室门

123

续表

禁止标识					
编号	图形标识	名称	标识种类	设置范围和地点	
1-23		禁止启动 No starting	J	暂停使用的仪器和实施设备附近,如仪器检修、零件更换时的相关场所	
1-24		禁止疲劳工作 No fatigue work	J	禁止疲劳状态和免疫力低下时开展工作,如出现发热、咳嗽、全身乏力等不适症状时	

警告标识				
编号	图形标识	名称	标识种类	设置范围和地点
2-1		生物危害 Biohazard	H,J	易发生感染的场所,如生物安全二级及以上实验室入口、菌(毒)种及样本保藏场所的入口和感染性物质的运输容器等表面
2-2		注意安全 Warning danger	J	易造成人员伤害的场所及设备
2-3		当心火灾 Warning fire	H,J	易发生火灾的危险场所,如实验室储存和使用可燃性物质的通风橱、通风柜和化学试剂柜等
2-4		当心爆炸 Warning explosion	H,J	易发生爆炸危险的场所,如实验室储存易燃易爆物质处、易燃易爆物质使用处或受压容器存放地
2-5		当心腐蚀 Warning corrosion	J	有腐蚀性物质(GB 12268—2012 中第 8 类所规定的物质)的作业地点,如试剂室、配液室和洗涤室
2-6		当心化学灼伤 Beware of chemical burns	J	存放和使用具有腐蚀性化学物质处

续表

警告标识				
编号	图形标识	名称	标识种类	设置范围和地点
2-7		当心中毒 Warning poisoning	H,J	剧毒品及有毒物质（GB 12268—2012 中第 6 类第 1 项所规定的物质）的存储及使用场所，如试剂柜、有毒物品操作处
2-8		当心触电 Warning electric shock	J	有可能发生触电危险的电器设备和线路，如配电室、开关等
2-9		当心自动启动 Warning automatic start-up	J	配有自动启动装置的设备
2-10		当心碰头 Warning overhead obstacles	J	易产生碰头的场所，如设备夹层
2-11		当心伤手 Warning sharp objects	J	实验室切片等操作易造成手部伤害的作业地点
2-12		当心高温表面 Warning hot surface	J	有灼烫物体表面的场所或物体表面，如高压灭菌间、压力蒸汽灭菌器和干燥箱等
2-13		当心低温 Warning low temperature/ freezing conditions	J	易于导致冻伤的场所，如冷库、气化器表面、存在液化气体的场所如液氮等
2-14		当心滑倒 Warning slippery surface	J	易造成滑跌伤害的地面，如高等级生物安全实验室淋浴间、试剂残液、消毒液等物质滴洒处（尤其意外事故处理过程）

续表

警告标识

编号	图形标识	名称	标识种类	设置范围和地点
2-15		当心高压容器 Warning high pressure vessel	H,J	易发生压力容器爆炸和伤害的场所,如二氧化碳钢瓶、高(和/或低)压液氮罐和压力蒸汽灭菌器等
2-16		当心紫外线 Warning ultraviolet	J	紫外线造成人体伤害的各种作业场所,如生物安全柜、超净台和实验室核心区紫外消毒等
2-17		当心锐器 Warning sharp objects	J	易造成皮肤刺伤、切割伤的物品或作业场所,如鸡胚接种、菌(毒)种冻干保存过程
2-18		当心飞溅 Warning splash	J	具有液体和气溶胶物质溅出的场所,如处理感染性物质的过程中使用匀浆、超声、离心机等仪器
2-19		当心动物伤害 Warning animals may bite	J	实验过程中可能有动物攻击(如动物咬伤、抓伤等)造成人员伤害的场所
2-20		当心电离辐射 Caution isotope & ionizing radiation	H,J	能产生同位素和电离辐射危害的作业场所
2-21		危险废物 Hazardous waste	H,J	危险废物贮存、处置场所,如盛装感染性物质的容器表面、有害生物制品的生产、储运和使用地点

指令标识

编号	图形标识	名称	标识种类	设置范围和地点
3-1		必须穿防护服 Must wear protective clothes	J	因防止人员感染而须穿防护服的场所,如实验室入口处或更衣室入口处

第6章　实验室生物与辐射安全

续表

指令标识				
编号	图形标识	名称	标识种类	设置范围和地点
3-2		必须穿工作服 Must wear work clothes	J	按规定必须穿工作服（实验室基本工作服装）的场所，如实验室风险较低，不需要穿防护服的一般工作区域
3-3		必须戴防护帽 Must wear protective cap	J	易污染人体头部的实验区
3-4		必须戴防护镜 Must wear protective goggles	J	对眼睛有伤害的作业场所
3-5		必须戴面罩 Must wear protective face shield	J	对人体有害的气体和易产生气溶胶的场所
3-6		必须戴呼吸装置 Must wear breathing apparatus	J	经风险评估，易导致呼吸道感染，需要相应防护的高等级生物安全实验室，如需要面部和呼吸道防护的区域
3-7		必须戴一次性口罩 Must wear disposable masks	J	实验室内防止致病性物质喷溅时，如离心机的离心、匀浆机的匀浆过程等
3-8		必须戴口罩（N95及以上型号） Must wear mask (N95 or higher level)	J	操作《人间传染的病原微生物名录》（卫科教发〔2006〕15号）中"实验活动所需生物安全实验室级别"规定的场所，如生物安全三级实验室、动物生物安全三级实验室及以上实验室
3-9		必须戴护耳器 Must wear ear protector	J	噪声超过85dB的作业场所

续表

指令标识				
编号	图形标识	名称	标识种类	设置范围和地点
3-10		必须戴防护手套 Must wear protective gloves	J	易造成手部感染和伤害的作业场所,如感染性物质操作,具有腐蚀、污染、灼烫、冰冻及触电危险的工作时
3-11		必须穿鞋套 Must wear shoe covers	J	易造成脚部污染和传播污染的作业场所,如实验室核心工作间等地点
3-12		必须穿防护鞋 Must wear protective shoes	J	易造成脚部感染和伤害的作业场所,如具有腐蚀、污染、砸(刺)伤等危险的作业地点
3-13		必须洗手 Must wash your hands	J	操作病原微生物实验后进行手部清洁的装置或用品处,如专用水池附近
3-14		必须手消毒 Must disinfect hands	J	在生物安全实验室实验活动结束后,杀灭手上可能携带的病原微生物
3-15		必须加锁 Must be locked	J	剧毒品、危险品和致病性物质的库房等场所,如放置感染性物质的冰箱、冰柜、样品柜,有毒有害、易燃易爆品存放处
3-16		必须固定 Must be fixed	J	须防止移动或倾倒而采取的固定措施的物体附近,如二氧化碳钢瓶、高(和/或低)压液氮罐存放处
3-17		必须通风 Must be ventilated	H,J	产生有毒有害化学气体、致病性生物因子气溶胶的场所

续表

提示标识				
编号	图形标识	名称	标识种类	设置范围和地点
4-1		紧急出口 Emergent exit	J	便于安全疏散的紧急出口处,与方向箭头结合设在通向紧急出口的通道、楼梯口等处。可详见 GB 15630
4-2		击碎板面 Break to obtain access	J	必须击开板面才能获得出口,如应急逃生出口、消防报警面板等

6.2 实验室个人防护装备

6.2.1 个人防护的总体要求

个人防护装备（Personal Protective Equipment，PPE）是指用来防止人员受到物理、化学和生物等有害因子伤害的器材和用品。使用个人防护装备是为了减少操作人员暴露于气溶胶、喷溅物以及意外接种等危险环境而设立的一种物理屏障,防止工作人员受到工作场所中物理、化学和生物等有害因子的伤害。在危害评估的基础上,实验室工作人员须结合工作的具体性质,按照不同级别的防护要求选择适当的个人防护装备。

6.2.2 实验室个人防护的部位及其装备

在实验室工作中,个人防护所涉及的防护部位主要包括眼睛、头面部、躯体、手足、耳（听力）以及呼吸道,其防护装备包括眼镜（安全镜、护目镜）、口罩、面罩、防毒面具、防护帽、手套、防护服（实验服,隔离衣,连体衣,围裙）、鞋套以及听力保护器等。表 6-2 汇总了在实验室中使用的一些个人防护装备及其所能提供的保护。

表 6-2 个人防护装备

装备	避免的危害	安全性特征
实验服、隔离衣、连体衣	污染衣服	背面开口,罩在日常服装外
塑料围裙	污染衣服	防水
鞋袜	碰撞和喷溅	不露脚趾
护目镜	碰撞和喷溅	防碰撞镜片(必须有视力矫正或外戴视力矫正眼镜),侧面有护罩
安全眼镜	碰撞	防碰撞镜片(必须有视力矫正),侧面有护罩
面罩	碰撞和喷溅	罩住整个面部,发生意外时易于取下
防毒面具	吸入气溶胶	在设计上包括一次性使用的、整个面部或一半面部空气净化的、整个面部或加罩的动力空气净化呼吸器的以及供气的防毒面具
手套	直接接触微生物	得到微生物学认可的一次性乳胶、乙烯树脂或聚腈类材料的保护手套

6.2.3 不同安全等级实验室的个人防护

实验室大致分为一般生物安全实验室(不使用实验脊椎动物和昆虫)和实验脊椎动物生物安全实验室。依照国家标准,根据所操作的生物因子的危害程度和采取的防护措施,又将生物安全实验室的生物安全防护水平分为 4 级。通常以 BSL-1、BSL-2、BSL-3、BSL-4 表示实验室的相应生物安全防护水平;以 ABSL-1、ABSL-2、ABSL-3、ABSL-4 表示动物实验室的相应生物安全防护水平。各级实验室的生物安全防护要求依次为:一级最低,四级最高。

6.2.3.1 BSL-1 实验室与 ABSL-1 实验室

一级生物安全实验室(BSL-1)是指结构和设施、安全操作规程及安全设备适用于已知对健康成年人无致病作用的微生物实验室,如用于教学的普通微生物实验室等,具有一级防护水平。在 BSL-1 实验室工作时,实验人员应做好以下自我防护措施:

① 在实验室工作时,任何时候都必须穿着连体衣、隔离服或工作服。

② 在进行可能直接或意外接触到血液、体液以及其他具有潜在感染性的材料或感染性动物的操作时,应戴上合适的手套。手套用完后,应先消毒

再摘除，随后必须洗手。在处理完感染性实验材料和动物后，以及在离开实验室工作区域前，都必须洗手。

③ 为了防止眼睛或面部受到泼溅物、碰撞物或人工紫外线辐射的伤害，必须戴安全眼镜、面罩（面具）或其他防护设备。

④ 严禁穿着实验室防护服离开实验室，如去餐厅、咖啡厅、办公室、图书馆、员工休息室和卫生间。不得在实验室内穿露脚趾的鞋子。禁止在实验室工作区域进食、饮水、吸烟、化妆和处理隐形眼镜。禁止在实验室工作区域储存食品和饮料。实验室用品应该与日常生活用品隔离放置。此外，在实验室的工作区外应当设立专门的进食、饮水和休息的场所。

生物安全一级动物实验室（animal biosafety level 1，ABSL-1）是指结构和设施、安全操作规程以及安全设备适用于对健康成年人已知无致病作用的微生物实验室，如用于教学的普通微生物实验室等。

一级动物实验生物安全水平（ABSL-1）指能够安全地进行没有发现肯定能引起健康成人发病的，对实验室工作人员、动物和环境危害微小的，特性清楚的病原微生物感染动物工作的生物安全水平。

在 ABSL-1 实验工作中，除了满足 BSL-1 的要求外，还应注意以下方面：

① 建筑物内设施应与开放的人员活动区分开。
② 应安装自动闭门器，当有实验动物时应保持锁闭状态。
③ 如果有地漏，应始终保持用水或消毒液液封，或直接连接消毒设施。
④ 动物笼具的洗涤应满足清洁要求。

个人防护器材的消毒：实验室污染区和半污染区内的一切物品，包括空气、水体和所有的表面（仪器）等均被视为污染的有危害物质，都要对其进行消毒处理。特别是对实验后的废液、器材和手套，务必严格进行处理。废液和废物在拿出实验室之前，务必彻底灭菌。在实验完成后离开实验室过程中的每一步要经过有效消毒，把好每一关，以防有害因子的泄漏。

6.2.3.2　BSL-2 实验室与 ABSL-2 实验室

二级生物安全实验室（BSL-2）是指结构和设施、安全操作规程及安全设备适用于对人或环境具有中等潜在危害的微生物，具有二级防护水平的实验室。在 BSL-2 实验室内，除了满足 BSL-1 的要求外，个人防护还应注意以下方面：

① 在实验室内应使用专门的工作服，戴乳胶手套。

② 严格执行在生物安全柜中进行可能发生气溶胶的操作程序，门保持关闭并贴上适当的安全标识，潜在被污染的废物同普通废物隔开。

③ 应设洗眼设施，必要时应有应急喷淋装置。

④ 应有足够的存储空间摆放物品，以方便使用。在实验室工作区域外还应当有供长期使用物品的存储空间。

⑤ 实验室出口应有在黑暗中可明确辨认的标识。

此外，应具备在实验室的工作区域外设立存放个人衣物以及用品的条件。

生物安全二级动物实验室（animal biosafety level 2，ABSL-2）是指结构和设施、安全操作规程及安全设备适用于对人或环境具有中等潜在危害的微生物实验室。

二级动物实验生物安全水平（ABSL-2）指能够安全地进行对工作人员、动物和环境有轻微危害的病原微生物感染动物工作的生物安全水平。这些病原微生物通过消化管、皮肤和黏膜暴露而产生危害。因此，在 ABSL-2 实验室的安全防护，除了满足 BSL-2 和 ABSL-1 的要求外，还应该满足以下要求：

① 出入口应设缓冲间。

② 动物实验室的门应当具有可视窗，并且可以自动关闭，并有适当的火灾报警器。

个人防护器材的消毒：在实验室所在的建筑内配备高压蒸汽灭菌器，用于实验室内物品的消毒灭菌，并按期检查和验证，以保证符合要求。在 ABSL-2 实验室中，为保证动物实验室运转和控制污染的要求，用于处理固体废物的高压蒸汽灭菌/消毒器应经过特殊设计，合理摆放，加强保养；焚烧炉应经过特殊设计，同时，配备补燃和消烟设备；污染的废水必须经过消毒处理。

6.3 事故处理

每个实验室工作人员都应严格按照操作规程（SOP）进行病原微生物的

操作。但实际工作中,操作者在实验过程中的疏忽或错误时有发生,有时会导致严重后果,对操作者本人、共同进行操作的工作人员和实验室环境造成威胁。因此,妥善、果断地处理这些意外差错和事故,对于保证实验室安全至关重要。

6.3.1 菌(毒)外溢处理

(1) 在台面、地面和其他表面

① 戴手套,穿防护服,必要时需进行脸和眼睛防护。

② 用布或纸巾覆盖并吸收溢出物。

③ 向纸巾上倾倒适当的消毒剂,并立即覆盖周围区域。通常可以使用5%漂白剂溶液(次氯酸钠溶液),如苯扎溴铵等。

④ 使用消毒剂时,从溢出区域的外围开始,向中心进行处理。

⑤ 作用适当时间后(如30min),将所处理物质清理掉。如果含有碎玻璃或其他锐器,则要使用簸箕或硬的厚纸板来收集处理过的物品,并将它们置于可防刺透的容器中以待处理。

⑥ 对溢出区域再次清洁并消毒(如有必要,重复第②~⑤步)。

⑦ 将污染材料置于防漏、防穿透的废物处理容器中。

⑧ 在成功消毒后,通知主管部门:"目前溢出区域的清除污染工作已经完成"。

(2) 在安全柜内菌(毒)种洒溢

① 如果洒溢量少,危险不大,经消毒后可继续工作,没有严重后果可定为差错。

② 如果在安全柜内洒溢量比较大,则视为有一定危险,应及时处理,停止工作,对安全柜消毒并检查是否正常。没有严重后果可定为重要差错。

(3) 污染、半污染区内安全柜外洒溢

视为有较大危险,应停止工作,应按要求处理后,安全撤离,对当事人进行一定的医疗观察。如果是干粉,危险性很大,应根据危害评估的结果对当事人进行隔离预防治疗,如果没有造成严重后果可定为严重差错。

(4) 在污染、半污染区以外洒溢

视为有很大危险,应立即在加强个人防护条件下进行消毒处理,如果没有造成严重后果可定为一般事故。

(5) 洒溢在防护服上

被视为危险,应立即就近进行局部消毒。然后,对手进行消毒,到第2缓冲区按操作规程脱掉被污染的衣服,用消毒液浸泡,之后进行高压灭菌处理。换上待用的防护服。对现场可能污染的表面用消毒巾擦消,对可能污染的空气靠通风和紫外线去除和消毒。只有把可能的污染去除才可继续工作。如果没有造成严重后果可定为差错。

(6) 菌(毒)外溢到皮肤黏膜

被视为有较大危险,应立即停止工作,撤到第2缓冲区或半污染区。能用消毒液的部位可进行消毒,然后用肥皂水冲洗15~20min,之后立即安全撤离,视情况隔离观察,期间根据条件进行适当的预防治疗。对事故中环境表面和空气的污染应由有经验的人在加强个人防护(如戴上面具和特殊的呼吸道保护装备)条件下按规程处理。如果没有造成严重后果可定为一般事故。

6.3.2 皮肤刺伤(破损)

被视为有极大危险,应立即停止工作,对局部进行可靠消毒、挤血、包扎等处置。如果手部损伤应脱去手套(避免再污染),撤离到第2缓冲区或半污染区。由另一位工作者戴上洁净手套对伤口进行消毒、挤血(向外挤),用水冲洗15min左右(冲洗废水收集灭菌),按规程撤离实验室。视情况隔离观察,其间根据条件进行适当的预防治疗。如果没有造成严重后果可定为一般事故。

6.3.3 感染性物质的食入

视为有很大危险,应立即停止工作,按规程撤离实验室,转移到专用隔离病房或隔离室。单位生物安全委员会和相关医师共同研究医学处理方案,其中,包括了解食入材料的剂量和事故发生的细节,制定隔离和预防治疗措施,并保留完整适当的医疗记录。如果没有造成严重后果可定为一般事故。

6.3.4　潜在危害性气溶胶的意外释放

应张贴"禁止进入"的标志。经相应时间后，在生物安全实验室负责人参加或指导下清除污染，应穿戴适当的防护服和呼吸保护装备。如果没有造成严重后果可定为一般事故。

视为很大危险，所有人员必须立即撤离相关区域，任何暴露人员都应接受医学咨询。应当立即通知实验室负责人和上级领导。为了使气溶胶排出和使较大的颗粒沉降，在一定时间内（如1h内）严禁人员入内。如果实验室没有中央通风系统，则应推迟进入实验室（如24h）。

6.3.5　容器破碎及感染性物质的溢出

视为有很大的个人危险和环境污染，当事人应当立即用布或纸巾覆盖受感染性物质污染或受感染性物质溢洒的破碎物品，然后在上面倒上消毒剂，并使其作用适当时间，开启紫外线消毒，撤离现场。然后，立即向实验室主任或上级负责人汇报。根据危险评估和操作规程，作用一定时间，由有经验的人在加强个人防护条件下，进入现场清理布、纸巾以及破碎物品；玻璃碎片应用镊子清理。然后再用消毒剂擦拭污染区域。应当对清理的破碎物进行高压灭菌或放在有效的消毒液内浸泡。用于清理的布、纸巾和抹布等应当放在盛放污染性废物的容器内。在所有这些操作过程中都应戴手套。如果实验表格或其他打印或手写材料被污染，应将这些信息复制，并将原件置于盛放污染性废物的容器内。如果没有造成严重后果可定为一般事故。

6.3.6　离心管发生破裂

非封闭离心桶的离心机内盛有潜在感染性物质的离心管发生破裂，被视为发生气溶胶暴露事故，应立即加强个人防护力度，其处理原则如下：

① 如果机器正在运行时发生破裂或怀疑发生破裂，应关闭机器电源，停止后密闭离心筒至少30min，使气溶胶沉积。

② 如果机器停止后发现破裂，应立即将盖子盖上，并密闭至少30min。

发生这两种情况时都应报告实验室负责人。随后的所有操作都应加强个人呼吸保护并戴结实的手套（如厚橡胶手套），必要时可在外面加一次性手套。应当使用镊子，或用镊子夹着的棉花清理玻璃碎片。所有破碎的离心管、玻璃碎片、离心桶、十字轴和转子都应放在无腐蚀性的、已知对相关微生物具有杀灭活性的消毒剂内。未破损的带盖离心管应放在另一个有消毒剂的容器中，然后回收。离心机内腔应用适当浓度的同种消毒剂反复擦拭、然后用水冲洗并干燥。清理时所使用的全部材料都应按感染性废物处理。

③ 在可封闭的离心桶（安全杯）内离心管发生破裂。

所有密封离心桶都应在生物安全柜内装卸。如果怀疑在安全杯内发生破损，应该松开安全杯盖子并将离心桶高压灭菌。还可以采用化学方法消毒安全杯。如果没有造成严重后果可定为一般事故。

6.4 放射性事故防范

核辐射主要是 α、β、γ 三种射线：α 射线是氦核，只要用一张纸就能挡住，但吸入体内危害大；β 射线是电子流，照射皮肤后烧伤明显。这两种射线由于穿透力小，影响距离比较近，只要辐射源不进入体内，影响不会太大；γ 射线的穿透力很强，是一种波长很短的电磁波。γ 射线和 X 射线相似，能穿透人体和建筑物，危害距离远。宇宙、自然界能产生放射性的物质不少但危害都不太大，只有核爆炸或核电站事故泄漏的放射性物质才能大范围地对人员造成伤亡。电磁波是很常见的辐射，对人体的影响主要由功率（与场强有关）和频率决定。通信用的无线电波是频率较低的电磁波，如果按照频率从低到高（波长从长到短）排列，电磁波可以分为：长波、中波、短波、超短波、微波、远红外线、红外线、可见光、紫外线、X 射线、γ 射线、宇宙射线。以可见光为界，频率低于（波长大于）可见光的电磁波对人体产生的主要是热效应，频率高于可见光的射线对人体主要产生化学效应。

射线防护的要点如下：

① X 射线机的固有防护。X 射线机的固有安全防护性能是 X 射线防护的最重要环节。球管管套、遮光器应不漏射线，窗口装有铝滤过板，有用线束进入实验人员皮肤处的空气照射量率应小于 6R/min。特别是用床

上球管透视时，X线球管及其附件如有辐射线泄漏，实验人员将受到直接辐射。

② 时间防护。尽量缩短 X 射线的辐射时间。在进行操作前要拟订严格的操作程序，尽量减少不必要的曝光。操作的累计曝光时间不应超过 30min，优化投照条件，避免重复照射。

③ 距离防护。利用增加实验人员与辐射源（即球管焦点）和散射体（即受检查）的距离，减少实验人员所受辐射剂量，距离每增加 1 倍，辐射剂量减少 3/4，透视曝光时除实验人员及主要助手，其他人员应远离，避开 X 射线辐射源。

④ 屏蔽防护。在射线源与实验人员之间设置屏蔽，减少或消除 X 射线的辐射，如果屏蔽有铅衣、铅围裙、铅帽、铅眼镜、铅手套等。

⑤ 实验人员应配带射线剂量检测器，每月报告 1 次个人接触的辐射剂量。

⑥ 实验人员应执行防护规章制度，穿铅衣、戴铅围领和防护眼镜。随时调整遮线器，尽量缩小照射野，严禁实验人员身体任何部位进入照射野。

⑦ 定期进行防护检查，实验人员每年系统体检 1 次。

⑧ 适当增加营养，增加室外活动，避免过于劳累。合理排班，严格休假管理。

⑨ 实验时必须带好专用的防护手套、口罩、穿工作服，实验完毕，立即洗手或洗澡；实验时，力求迅速、熟练，尽量减少被辐射的时间，并应尽可能的利用夹具、机械手来操作，以便远离辐射源，同时应设置隔离屏蔽；粉末物质应在手套箱中进行操作。

参考文献

[1] 李运书, 徐健, 姜霞, 等. 医学生对实验室生物安全认知情况调查[J]. 中国感染控制杂志, 2017(1): 73-77.

[2] 夏菡, 黄弋, 马海霞, 等. 美国高等级生物安全实验室人员培训体系及其启示[J]. 实验室研究与探索, 2019, 38(12): 252-255.

[3] 张洁, 朱昌平, 马文哲. 高校实验室生物安全管理工作的思考[J]. 实验室科学, 2012, 15(1): 195-197.

[4] 孔令明,贾昌锋,陈知雨. 生物实验室安全培训与管理探索[J]. 实验技术与管理,2021,38(3): 298-301.

[5] 曲连东,张东江. 动物实验的生物安全与防护[M]. 北京:中国农业科学技术出版社,2007.

[6] 许钟麟,王清勤. 生物安全实验室与生物安全柜[M]. 北京:中国建筑工业出版社,2004.

[7] 李劲松. 生物安全柜使用指南——原理、使用和验证[M]. 北京:化学工业出版社,2005.

[8] GB 50346—2004 生物安全实验室建筑技术规范[S].

[9] GB19489—2008 实验室生物安全通用要求[S].

[10] 俞跳霆,李太华,董德祥,等. 生物安全实验室建设[M]. 北京:化学工业出版社,2006.

[11] 许钟解,王清勤. 生物安全实验室与生物安全柜[M]. 北京:中国建筑工业出版社,2004.

第7章

实验室人员健康安全

实验室常见的健康安全危害因素一般有化学性危害、生物性危害、物理性危害等。面对多方面的危害因素，如何保障高校实验室人员的身心健康，是实验室安全管理与教育工作的重要内容。本章介绍了职业健康安全管理体系（OHSMS）基本内容，并论述了如何基于 OHSMS 构建高校实验室健康与安全管理体系。同时，为切实提高广大师生的实验室安全与应急能力，本章还列举了高校各类实验室典型的伤害，从教育培训和安全管理两方面阐述了实验室人员健康安全防护工作的重点，为广大师生提供指导。

7.1 实验室健康安全管理体系

职业健康安全管理体系（Occupational Health and Safety Management System，OHSMS）是 20 世纪 80 年代后期在国际上兴起的现代安全生产管理模式，它与 ISO 9000 和 ISO 14000 等标准体系一并被称为"后工业化时代的管理方法"。西方发达国家普遍重视安全教育和安全管理。哈佛大学、耶鲁大学、麻省理工学院、剑桥大学、牛津大学等著名高校，都设有专门的安全机构和相应的专业人员，他们不仅监督和指导相关法规的执行情况，还提供各种专业化服务。高校实验室安全工作复杂艰巨，是教育系统安全工作的重点。因此，建立健全实验室健康安全管理体系尤为重要。

针对目前高校实验室安全管理中存在的薄弱环节，2023年2月14日教育部办公厅印发《高等学校实验室安全规范》（教技函〔2023〕5号），明确了高校实验室应实现规范化、常态化管理体制，重点落实安全责任体系、管理制度、教育培训、安全准入、条件保障，以及危险化学品等危险源的安全管理内容。随着国家相关规范、标准等重要文件的制定与施行，高校对实验室安全工作的重视程度得到加强，积极推进OHSMS在实验室管理中的应用。这是安全发展理念提高的结果，也是现实发展的需要，有效地推进高校实验室迈向管理科学化、规范化和法治化。

7.1.1 职业健康安全管理体系概述

7.1.1.1 职业健康安全管理体系运行模式

OHSMS运行模式的最主要的系统思想可以追溯到由美国质量管理专家戴明博士总结得出的PDCA质量管理方法，该方法将质量管理工作划分为Plan（计划）、Do（实施）、Check（检查）和Act（处理）4个阶段。

（1）计划阶段

该阶段主要是找出存在的问题，通过分析和研究提出解决问题的措施，并且制定相应的计划和预期达成的目标。

（2）实施阶段

该阶段是实施第一阶段所制订的计划，使管理工作能够完成计划所规定的各项内容，达到预期的目标。

（3）检查阶段

在该阶段对计划实施过程开展检查工作，一方面检查负责人员是否严格执行计划，另一方面则是检查计划执行的效果。

（4）处理阶段

该阶段的工作是对检查结果进行归纳总结，吸取成功经验，将其标准化，对发现的问题要展开分析并采取有效措施加以纠正，对尚未解决的问题纳入下一个循环。

在此概念的基础上，结合职业健康安全管理工作的特点与不同的职业健康安全管理体系标准，英国标准协会、挪威船级社等13个组织提出了职业健康安全管理体系运行模式，其核心都是为相关单位建立一个动态循环的管理过程，以持续改进的思想指导相关单位系统地实现其既定目标。OHSMS模式包括职业健康安全方针、策划、实施与运行、检查与纠正措施、管理评审等。

将 PDCA 循环模式与高校实验室安全管理工作相结合，高校实验室安全的 PDCA 循环模式可以得到构建（见图 7-1）。从安全管理体系的建立、安全管理措施的实施、安全监督检查以及安全问题整改这 4 个方面入手，对应 PDCA 模式的 4 个阶段，为实验室正常运行提供安全保障。

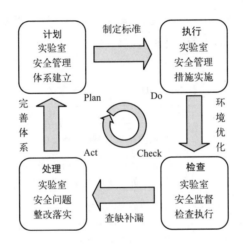

图 7-1　高校实验室安全的 PDCA 循环模式

7.1.1.2　职业健康安全管理体系术语

准确了解 OHSMS 标准的专业术语，是认识和实施 OHSMS 的重要前提。为了有效地开展高校 LHSMS（Laboratory Health and Safety Management System）标准化工作，提高高校实验室的科研能力，服务于现代实验室的安全发展，并尽可能达到实验室的国际管理水平，在制定 LHSMS 标准时，对术语的确定应遵循以下几项原则：

① 本书将采用《职业健康安全管理体系　要求及使用指南》(GB/T 45001—2020) 术语。

② 将 OHSMS 标准应用到实验室时，考虑到实验室安全实验与管理、

健康卫生的基本概念和习惯用法，应以实验室的专业术语为准。对于未形成专业术语的习惯用法，根据实验室管理者、实验室相关专业专家的意见决定取舍，确定提法。

③ 在保证完整传达标准含义的前提下，语言尽可能简洁明确，使之符合中文习惯和标准语言的要求。

④ 对于国际标准中的有关术语，在词语的译法上，在照顾原意和中文通顺的基础上，对关键词语尽可能做到中英文一一对应。

⑤ 为使使用标准者更好地领会标准的关键词汇，被定义的术语都附有英文原词。

表 7-1 展示了在《职业健康安全管理体系 要求及使用指南》(GB/T 45001—2020)中，对相关术语的明确定义：

表 7-1 OHSMS 相关术语定义

术语	定义
工作场所 Workplace	在组织控制下，人员因工作需要而处于或前往的场所
审核 Audit	为获得审核证据并对其进行客观评价，以确定满足审核准则的程度所进行的系统的、独立的和文件化的过程
持续改进 Continual improvement	提高绩效的循环活动
危害源 Hazard	可能导致伤害和健康损害的来源
监视 Monitoring	确定体系、过程或活动的状态
事件 Incident	由工作引起的或在工作过程中发生的可能或已经导致伤害和健康损害的情况
相关方 Interested parties	可影响决策或活动、受决策或活动所影响，或者自认为受决策或活动影响的个人或组织
伤害和健康损害 Injury and ill health	对人的生理、心理或认知状况的不利影响
目标 Objectives	要实现的结果
职业健康安全风险 OHS & risk	与工作相关的危险事件或暴露发生的可能性与由危险事件或暴露而导致的伤害和健康损害的严重性的组合
职业安全卫生管理体系 OHSMS	用于实现职业健康安全方针的管理体系或管理体系的一部分
组织 Organization	为实现目标，由职责、权限和相互关系构成自身功能的一个人或一组人

续表

术语	定义
绩效 Performance	可测量的结果
风险 Risk	不确定性的影响
纠正措施 Corrective action	为消除不符合或事件的原因并防止再次发生而采取的措施
不符合 Nonconformity	未满足要求
符合 Conformity	满足要求

7.1.1.3 建立高校 LHSMS 的步骤

建立高校 LHSMS 包括八个步骤，根据每个步骤内容的关联度，一般将这八个步骤归纳为四个阶段（如图 7-2 所示），即准备与策划阶段，文件编制阶段，体系试运行阶段以及评审与审核阶段。

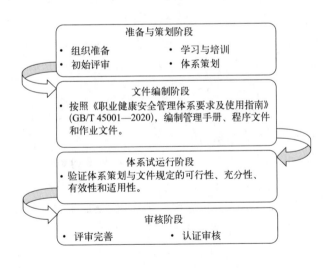

图 7-2 高校 LHSMS 建立流程框架

（1）准备与策划阶段

这一阶段分为四个步骤，这四个步骤主要是做好建立 LHSMS 的各种前期准备工作，具体内容如下：

① 组织准备。高校成立 LHSMS 推行委员会，任命实验室健康安全管理者代表。高校提供推行 LHSMS 必需的资源，由 LHSMS 推行委员会拟定结合高校实验室管理特色的推行计划。这一步的重点包括：进行初始健康安全评审（安全预评价、安全验收评价、综合安全评价和专项安全评价）、评估建立 LHSMS 的费用以及选择合适的 LHSMS 咨询机构。

② 学习与培训。在高校建立和实施 LHSMS，需要高校所有实验室人员的参与和支持。培训对象包括四个层次的人员，即领导层、管理层、体系工作人员以及执行层。通过 LHSMS 培训，要求受培训人员能够理解和掌握体系要素、了解体系的逻辑内涵并在培训过后能将培训知识结合实际，从而实现理论联系实际。培训内容包括：OHSAS 18001 基础知识学习、OHSAS 18001 标准条文讲解、危害因素辨识培训、职业安全卫生法律法规培训、风险评价培训、风险预防原理培训、安全管理技术培训以及内部职业健康安全审核员培训等。

③ 初始评审。这一步骤要完成的内容包括三大块：a. 危害辨识、风险评价，确定控制措施；b. 明确适用的职业健康安全法律法规和其他要求，调查评价遵守情况；c. 资料收集、分析和评价。

进行初始评审的"六步走"：a. 业务活动分类；b. 辨识风险源；c. 评估风险；d. 是否可允许风险；e. 制订风险控制计划；f. 风险控制计划的定期评审。

在初始评审中，危险有害因素按导致事故和职业危害的直接原因可以分为六类：a. 物理危险有害因素；b. 化学危险有害因素；c. 生物危险有害因素；d. 心理和生理危险有害因素；e. 行为危险有害因素；f. 其他危险有害因素。

危险有害因素主要存在以下几个方面，例如实验室位置与环境，实验室布局，实验操作流程，实验设备装置，实验过程中产生的粉尘、毒物、噪声、辐射等，人的持续工作时长等。针对初始评审中的危险有害因素，一般采用作业条件危险评价法（LEC 法）来进行评价。LEC 法的评价结果用 $D=LEC$ 来计算，其中 D 表示作业条件危险程度；L 表示事故发生的可能性；E 表示人员暴露危险环境中的频繁程度；C 表示事故发生后可能造成的结果。D 值的范围与含义如表 7-2 所示。

表 7-2　D 值的范围与含义

D 值	危险程度
>320	极其危险,不能继续作业
160~320	高度危险,需立即整改
70~160	显著危险,需要整改
20~70	一般危险,需要注意
<20	少有危险,可以接受

④ 体系策划。体系策划内容包括：a. 制定职业健康安全方针；b. 确定目标和管理方案（包括安全管理目标、风险控制目标、管理方案以及完成目标的措施）；c. 职能分析和确定机构职能分配；d. 确定体系文件层次结构。体系文件层次结构与细节如表 7-3 所列。

表 7-3　体系文件层次结构与细节

文件层次	文件细节
管理手册(A层次)	根据 OHSMS 标准和规定的职业健康安全管理方针、目标来描述 OHSMS
程序文件(B层次)	描述实施 OHSMS 要素所涉及的各个职能部门的活动
作业文件(C层次)	详细的工作文件(如表格、报告、作业指导书、记录等)

（2）文件编制阶段

按照《职业健康安全管理体系 要求及使用指南》(GB/T 45001—2020)，对人员健康安全管理方针、目标、关键岗位与职责、主要风险及其预防和控制措施，体系框架内的管理方案、程序、作业指导书和其他内部文件等以文件的形式加以规定。在文件编写时，要满足以下四项原则：a. 符合标准要求；b. 结合组织特点；c. 尽量做到管理体系文件一体化；d. 与原有管理模式相结合。

高校 LHSMS 文件分为表 7-3 中的三类，每一类分别供对应人群了解使用。管理手册表述高校 LHSMS 整体信息，供领导与外部人员了解使用；程序文件提供完成某项活动的方法，供各职能部门使用；作业文件用于记录如何完成某项工作任务或活动的结果与证据，供个人或小组使用。

（3）体系试运行阶段

在这一阶段，要验证体系策划与文件规定的可行性、充分性、有效性和适用性。高校 LHSMS 委员会按文件和程序的要求开展各项安全管理活动，核验文件本身是否完整、适用，体系试运行时间不少于三个月。在体系试运行期间，重点关注是否改善实验室环境、是否加强个人防护、是否进行实验安全教育、是否做到危险化学品的安全管理、是否能够实现紧急事故处理等。

(4) 审核阶段

这一阶段需要进行两个连续的步骤，以完成高校LHSMS建立的最后工作。

① 评审完善　内部审核的目的是检查文件与标准的符合性，检查文件对实验室的适用性以及检查体系文件的执行情况。内部审核的步骤为策划、准备、审核、报告以及纠正措施和跟踪。

管理评审由最高管理者主持，各部门负责人参加，按照预定的时间间隔进行的评审行为。主要内容涉及评审内部审核报告、确认方针、目标、计划以及实施情况，确认纠正和预防措施的落实情况，研判所实施的管理体系的资源是否适宜，确认体系及相应文件是否需要修订。

② 认证审核　高校运行LHSMS的目的之一便是要成功推行该体系在高校实验室中运行，提高实验室管理水平。在审核之前，高校还需要进行一系列必需的工作，才能保证高校LHSMS顺利通过认证审核。这些必需的工作为：a. 至少有三个月的OHSAS 18000系统完全运行记录；b. 符合标准规定的文件化管理体系；c. 危险有害因素识别、风险评估和风险控制计划（包括目标、指标和方案）；d. 一次完整的内部审核和管理评审；e. 可能需要主管部门的证明（部分认证机构需要），证明其在最近一年内没有出现重大职业健康安全问题，未受到相关部门处罚。

最终通过认证的最基本要求是满足相关法规要求，如实验室通过消防验收、实验室内特种设备具有安全使用证或定期检测报告、实验人员通过实验室安全培训、实验室通过安全验收等。

7.1.2　高校实验室健康与安全的权利与责任

高校的每一位师生员工必须把培养良好的健康与安全工作习惯作为自己的责任，积极营造安全的实验室工作氛围，自觉接受来自主管部门对实验室和操作过程的不同层次与水平的监管。

(1) 管理层的职责

高校实行党委领导下的校长负责制，所有健康安全管理政策和项目的最终责任由高校校长承担，校长授权给各学院（系、部）、研究所和职能部门领导，并承担相应的权利和责任，从而有效监督和管理全校所有师生员工的健康与安全。他们需要做到：

① 其管理下的所有人员都有明确的健康与安全的权利和责任；

② 所有人员都有权补充合适的健康安全管理政策、操作规范和项目程序；

③ 需要有足够的资源和资金，来保障其管理范围内的健康与安全项目能够正常运行，以及个体防护装备与设施的适量配备；

④ 必须遵守学校的健康与安全管理政策、操作程序和项目程序。

(2) 单位主管的职责

对各学院（系、研究所）而言，主管包括实验室负责人或其他有直接监管权的人。主管有责任保护其所监管范围内师生员工的健康与安全，有如下管理责任：

① 对学校的健康与安全管理政策、操作规范和项目程序进行补充；

② 保证实验室和设备、设施安全并处于良好工作状态；

③ 保证实验室遵守学校的健康与安全管理政策、操作程序和项目程序，符合相关健康安全管理法规要求；

④ 保证师生员工能够根据工作需要来选择穿戴合适的个体防护装备，师生员工必须参加学校举办的实验室安全培训课程，以及针对特殊工作而安排的安全培训和演练。

(3) 院（部）和部门安全管理人员职责

实验室的安全行为和管理规定，代表师生健康与安全利益，在各自工作的学院、系、部门和其他独立研究机构中提供建议和安全技术支持。包括如下内容：

① 积极准确地评估和纠正存在的健康安全危害，并对相关安全管理系统进行补充和完善；

② 参与全校范围的健康安全管理项目的补充和完善；

③ 对各部门分别提供安全培训；

④ 提高各部门的健康和安全意识；

⑤ 做好事故应急预案和演练；

⑥ 在师生发生健康与安全问题时，在第一时间到达现场开展救援工作。

（4）教师和学生的职责

① 每位师生员工都应了解什么情况会损害本人的健康与安全；

② 积极参加由主管或学校组织的实验室安全演练项目；

③ 养成安全操作实验仪器及设备的习惯，遵守学校的健康安全管理规定；

④ 在实验室遇到严重的危险时一定要及时报告主管或安全管理人。

7.1.3 高校实验室健康与安全管理相关政策

高校制定实验室健康与安全管理政策的目的是保护广大师生员工的安全与健康。制定实验室健康与安全管理相关政策应做到如下几方面：

1）遵守国家现行法律、法规及国家标准。高校应按照国家所有可适用的健康与安全管理方面的法律、法规或国家标准的相关要求来制定本校实验室的健康与安全管理政策。

2）实验室健康与安全管理系统和程序。校、院（系、部）和各部门必须认真执行已经明确颁布的各种健康与安全管理条例和制度，保障学校全体师生员工的健康安全。

3）事前评估和控制。学校必须采取各种合理的措施为所有师生员工提供健康安全的工作环境，学院（部）、研究机构和行政管理机构，应通过事前评估，向全体师生员工告知可能的伤害。鼓励师生员工积极地发现隐患并及时报告，从而尽可能减少危害。所有师生员工应养成良好的实验室使用习惯，充分保护自己不受到伤害。

4）全员安全培训。师生员工要保证有足够的安全培训来提高他们的健康和安全工作的能力。在实验室工作的所有人员都要求参加实验室安全课程的培训，以及其他根据风险评估确定的相关培训内容。

5）事件和事故调查。需要对所有发生的事件和事故进行调查，找出根源，避免类似事故的再次发生。因此，学校所有科研和教学实验室发生的事件和事故都必须向上报告。

6）实验室的设计标准。建筑设计必须符合实验室设计标准和地方标准。

7）定期检查。高校的健康与安全政策、特殊项目的健康与安全政策以及安全管理系统都需要进行年度检查，以保证其能够切实有效地发挥作用。

7.2 实验室常见健康安全危害

7.2.1 化学类实验室常见健康安全危害

化学类实验室指主要涉及化学反应和化学品的实验场所，主要危险源为毒害性、易燃易爆性、腐蚀性等危险物品，包括：剧毒品、易制毒品、易制爆品、麻醉品、精神药品、国家重点监管的危险化学品、实验气体、化学废物等。化学类实验室常见的伤害有腐蚀与灼烧伤害、火灾与爆炸伤害以及中毒伤害。

7.2.1.1 腐蚀与灼烧伤害

腐蚀伤害是指危险药品通过皮肤接触或创面吸收引起人体的局部损伤，这种损伤会使接触部位的组织失去原有的性质。在实验室中，强碱、强酸和某些强腐蚀性物质与水或其他化学物质发生剧烈反应，大多会产生具有强腐蚀性的烟雾，而吸入粉尘、烟雾等物质会对人体的呼吸系统造成严重伤害。同时，强碱、强酸以及一些有毒试剂等接触皮肤或裸露的器官也会引起人体的损伤，处理不及时往往可能引起组织或器官坏死，留下伤痕。

灼烧伤害是由于热力或化学物质作用于身体，引起局部组织损伤，并通过受损的皮肤、黏膜组织导致全身性病理生理改变，是化学实验过程中的常见事故。例如：碱金属、溴、磷、浓碱、浓酸等化学药品或其他具有刺激性的物质溅入眼睛时会对眼睛造成灼伤；酸液溅到皮肤上会引起皮肤灼伤，如氢氟酸能腐蚀骨头、指甲，滴到皮肤上会形成难以治愈的烧伤。

7.2.1.2 火灾与爆炸伤害

化学实验室存放及实验过程中产生的化学物质多具有易燃性，在遇到火源后容易被点燃。实验室内大量使用可挥发性的可燃物质，尤其是有机溶剂，也容易引起火灾。这是因为有机溶剂通常具有较强的挥发性，挥发的蒸气会扩散到远处，若接触到火源，则会顺着蒸气燃烧，引起火灾。

爆炸性事故多与火灾性事故相关，特别是有机化学实验常用的多是一些易爆、易燃的物质或它们的混合物,当这些物质在一定压力和热的作用下发生爆炸。另外也有一些用电设备及线路老化陈旧存在事故隐患,使不慎泄漏的易爆易燃物品,遇火引起爆炸。

7.2.1.3 中毒伤害

化学实验室使用的化学药品几乎都有一定的毒性,稍有不慎,就有可能引起中毒事故。中毒事故一般又可分为两类:慢性中毒和急性中毒。慢性中毒一般不容易引起重视,很多症状都是要在中毒积累到一定程度之后才出现,通常为几天或者几个月,有的甚至若干年以后。中毒的症状很难察觉,多数为易怒、失眠、记忆力减退、情绪失常等,通常会未老先衰、早逝。急性中毒通常是误食、吸入或是体表吸收有毒物质。误食一般是实验者在实验室饮食、利用实验室的冰箱存放食物或离开实验室未及时做好个人卫生。吸入毒害是常见的中毒方式,化学实验室的有毒物质可以以气体、蒸气、粉尘、烟雾等形式被吸入,另外还有体表吸入。有毒物质还可以以气体、液体的形式被皮肤吸收,造成皮肤受伤。

7.2.1.4 化学性呼吸系统损伤

(1) 化学性肺炎是吸入具有刺激性的气体或气溶胶后,作用于上、下呼吸道黏膜甚至肺泡而产生的,症状轻者主要表现为上呼吸道刺激症状,如声音嘶哑、咳嗽、咳痰、气短及胸闷等,严重者可导致呼吸衰竭。长期接触刺激性气体或气溶胶则可导致呼吸道黏膜的慢性炎症,表现为慢性支气管炎、无症状咳嗽、肺间质纤维化等。如果实验室发生化学试剂大量泄漏,实验人员一次性吸入大量化学试剂或吸入强毒性、腐蚀性的化学试剂,可导致急性化学性肺炎,引发肺水肿,出现频繁咳嗽、进行性呼吸困难、发绀、低氧血症等表现,还可继续发展为急性呼吸窘迫综合征。

(2) 化学性支气管黏膜炎症是以气体、雾、烟等形式存在于空气中的各类有毒化学品,对接触人员的呼吸道支气管黏膜产生强烈的刺激。氯气、氨气等水溶性大的化学物质,可以大量溶解吸附在湿润的呼吸道黏膜上,对黏膜产生强烈的刺激作用,引起呛咳,但不易深入肺泡;氮氧化合物、光气等水溶性小的化学物质,可通过上呼吸道后进入肺泡,其化学属性对肺泡等肺部组织产生严重损伤。"

7.2.2 机电类实验室常见健康安全危害

机电设备类实验室指主要涉及危险加工机械、装置、仪器、特种设备等的实验场所,主要危险源为易因高低温、高气压、高速运转、高电压及大电流、强磁、激光、机械撞击等导致物理伤害的机械、装置及设备,如:高速、高压力、旋转、打磨、切割等加工类机械、装置、设备,高电压及大电流设备,激光设备,强磁设备,充、放电装置,冷热设备(冰箱、烘箱、马弗炉等)、起重机械、叉车、压力容器(含气瓶)等。该类实验室内可能发生的伤害可以分为两类:机械性伤害和非机械性伤害。

7.2.2.1 机械性伤害

(1) 压伤、砸伤、挤伤

一般是由构件的直线运动(例如,锻锤、冲床、切板机的施压部件、牛头刨床的床头、龙门刨床的床面及桥式吊车大、小车和升降机构等工作状态)、被加工工件固定不牢(例如,被加工工件固定不牢被甩出打伤人,车床卡盘夹不牢,在旋转时就会将工件甩出;被加工工件在吊运和装卸过程中掉落),或者使用手动工具时脱手造成的。

(2) 烫伤、刺伤、割伤

一般是由不规范使用刀具、刀具质量不佳造成的,例如车床上的车刀、铣床上的铣刀、钻床上的钻头、磨床上的磨轮、锯床上的锯条等不正确使用导致温度过高,或者使用过程中,因刀具质量差出现刀具飞出伤人。

(3) 扭伤以及劳损疾病

这类伤害一般是由使用手动工具不慎造成的,伤害类型主要为扭伤、砸伤、腱鞘炎等劳损疾病。

7.2.2.2 非机械性伤害

(1) 电气系统的电击伤害

目前常用的机械设备,绝大多数是电力驱动。因此每台机械设备都有自己的电气系统。主要包括电动机、配电箱、开关、按钮、局部照明灯以及接零(地)和导线等。电气系统对人的伤害主要是电击。

(2) 其他

除上述各种伤害外，还可能有其他伤害。如部分机械设备使用时伴随发生高温、化学能、辐射能，以及尘毒危害物质等。

7.2.3 生物类实验室常见健康安全危害

生物类实验室指主要涉及微生物、动物和基因工程等的实验场所，主要危险源为病原微生物菌（毒）种、动物和转基因生物样本等危害个体或群体安全的生物因子。实验室人员在实验过程中需要接触大量的病原体，很容易造成相关人员感染。生物类实验室安全问题数量多且严重，其主要的感染源与暴露感染途径主要有以下几类：

感染源：①培养物和储存物；②实验动物；③标本；④被前三种感染源污染的物品。

暴露感染途径：①呼吸道摄入；②经过口腔摄入；③针刺或锐器刺伤；④皮肤、黏膜感染；⑤叮咬。

7.2.3.1 气溶胶传染

气溶胶传染一般是指飞沫混合在空气中，在局部形成气溶胶，而被人体吸入出现感染的情况。气溶胶是指悬浮在气体介质中的固态或液态颗粒所组成的气态分散系统。在微生物实验室中，只要操作感染性物质，生物气溶胶的产生就是不可避免的。如离心、混匀、接种、制片、移液、加样等均可产生气溶胶污染。气溶胶传播相对飞沫更加远，但是浓度相对较低，致病能力也会大大地减弱。

7.2.3.2 锐器刺伤传染

生物类实验室的实验人员在实验时有可能被针头、玻璃制品、仪器设备或者废物等物品刺伤或割伤，从而存在被病原微生物感染风险。有多种病原体可经过锐器刺伤感染实验人员，尤其是 HBV（乙肝病毒）、HCV（丙肝病毒）、HIV（人类免疫缺陷病毒）、疟疾等具有传染性的病原体。这些病原体经过伤口进入体内，会引起局部或全身感染。

7.2.3.3 动物抓伤感染

实验动物是高校生物类实验室里主要的实验对象。实验动物在生产、使用过程中，存在感染、繁殖病原体的可能性，这将危及实验人员的生命安全。动物实验过程中常见的安全问题主要存在以下两方面：第一是对实验人员的潜在危害，即人畜共患病的传染；第二是实验动物的攻击性，即咬伤、抓伤、踢伤等带来的危害。实验动物展现其攻击性多是由于在进行动物实验时未能进行正确的操作，例如抓取大鼠、小鼠、豚鼠等不同的实验动物时需要采取不同的固定姿势，这就需要实验人员必须掌握合理的抓取固定方法，掌握熟练的动物实验操作技术。这就要求实验人员在进行动物实验操作前，对所用实验动物的抓取方式、保定方式等需要进行系统的学习，免受动物实验时动物的攻击，同时还能减轻实验动物对实验人员的伤害。

7.2.3.4 感染性材料感染

感染性材料是指已知或有理由认为含有病原微生物的实验材料，包括病原微生物实验或相关实验活动中产生的具有直接或间接感染性、毒性以及其他危害性的废物。感染性材料感染一般发生在感染性材料处理不当、处理时个人防护不当、未进行完全消毒/灭菌等情况下。

7.2.4 辐射类实验室常见健康安全危害

辐射类实验室指主要涉及放射源、同位素、射线装置等的实验场所，主要危险源为放射源、放射设备。暴露在电离辐射中的人员会更容易患癌症（例如白血病、骨癌、肺癌以及皮肤癌），可能在辐射暴露后许多年才发生，轻度辐射会导致皮肤损伤、脱发、贫血、胃肠系统损伤以及白内障。生殖腺辐射暴露对遗传的影响包括染色体损害或基因突变。生殖腺的生殖细胞在受到高剂量辐射时能引起细胞死亡，从而对人造成生育能力的损害，对女性还造成月经改变。放射性元素主要可以破坏人体的中枢神经系统、内分泌系统和血液系统，大剂量或长期接触会对人体造成明显的危害，会增加人体患癌风险，严重者会危及生命。

7.2.5 其他实验室常见健康安全危害

除上述提及的实验室健康安全危害外，噪声、振动以及粉尘等也是在实验室中常见的健康安全危害源。

7.2.5.1 噪声伤害

实验室的噪声一般来自外部环境或运行中的设备，长期处于噪声环境影响实验室内部人员健康。噪声对人类的危害是多方面的，其主要表现为对听力的损伤、睡眠干扰、人体的生理和心理影响。当实验室人员处在100分贝左右噪声环境中工作时会感到刺耳、难受，甚至引起暂时性耳聋。当环境噪声超过140分贝时，会引起眼球的振动、视觉模糊，呼吸、脉搏、血压都会发生波动，甚至会使全身血管收缩，供血减少，说话能力受到影响。此外，噪声对科研工作的危害是不言而喻的。患有职业性耳聋的实验人员在工作中很难很好地与别人交换意见，以致影响工作效率；噪声易引起心理恐惧并导致听觉感知迟钝，它是造成实验室伤亡事故的重要原因。

7.2.5.2 振动伤害

在实验室中，有些机械设备需要实验人员长时间接触使用，并且在使用时产生剧烈振动。设备产生全身性振动的能量，能通过支撑面作用于坐位或立位操作的人身上，可能导致内脏器官的损伤，或造成周围神经和血管功能改变等。而局部性振动是以手接触振动工具为主要方式传播的。由于工作状态的不同，振动可传给一侧或双侧手臂，有时可传到肩部。振动伤害可引起神经系统、心血管系统、骨骼肌肉系统、听觉器官、免疫系统等多方面改变。

7.2.5.3 粉尘侵入伤害

实验室内产生的所有粉尘对身体都是有害的。不同特性的粉尘会引起不同的机体损害。例如，可溶性有毒粉尘进入呼吸道后，能很快被吸收入血液中，引起中毒；放射性粉尘，则可造成放射性损伤；某些硬质粉尘可损伤角膜及结膜，引起角膜混浊和结膜炎等；粉尘堵塞皮脂腺和机械性刺激皮肤时，可引起粉刺、毛囊炎、脓皮病及皮肤皲裂等；粉尘进入外耳道并混在皮脂中，可形成耳垢等。长时间处在粉尘环境中还会导致呼吸系统损害，包括尘肺、上呼吸道炎症等。

7.2.5.4 冻伤

当身体较长时间处于低温或超低温环境时，血管和肌肉会产生痉挛，导致毛细血管收缩，血流速度减缓，形成局部末端组织缺血，细胞神经受到损伤，即冻伤。大多数在实验室中发生冻伤事故是因个人防护不到位造成皮肤与低温物体、试剂的直接接触。常见的实验室低温设备和化学物质有：超低温冰箱、低温循环器、液氮、液氨、干冰、二氧化碳灭火器等。

此外，实验室用水、用电、消防的安全风险因素也是实验室人员健康安全危害源。例如，实验室用水被污染、供电系统或装置存在漏电情况、消防设施不完善、通风系统故障等。

7.3 实验室人员健康安全教育与管理

7.3.1 实验室人员安全教育

7.3.1.1 对管理者的要求

（1）制定关于化学品的安全操作规范及注意事项，包括以下内容：

① 科研工作中如何减少肢体暴露；

② 如何恰当地使用个人保护设备；

③ 在接触有挥发性化学品时，要求使用具有适当功能特性的化学通风橱；

④ 细化和确定培训内容；

⑤ 实验过程中如何妥善使用危险化学品，包括致癌剂、生殖系统毒素和剧毒物质；

⑥ 废物品的处理规定；

⑦ 接触有害化学品后的处理方案。

（2）提供一个可以远离可被认知的严重伤害的场所。

（3）明确"一半责任"：有一半责任是在个人，在实验室里的每位人员都有义务遵守安全操作规范和行为准则。

（4）化学品储存

① 储存化学品时要充分考虑其反应性和相容性；

② 必须及时更新化学品库存的记录，确保每个试剂容器都有明确的标签；

③ 按照化学品不同的危害类型单独保存；

④ 将不能共存的化学品名单贴在通风橱附近。

（5）危害信息的标示方法

① 制定化学试剂安全资料表；

② 化学品的稳定性及活性资料；

③ 物理及化学性质；

④ 对人体健康的危害性；

⑤ 允许暴露的极限；

⑥ 安全操作和使用的注意事项；

⑦ 紧急事件应对及急救程序；

⑧ 贴标签（所有在工作场所出现的化学品必须具备标签，包括：名称、危害性或能够标注其危害性的图案标识）。

7.3.1.2 实验室人员安全教育内容

（1）认识各种危险因素

① 可燃性液体试剂：实验室面积每 $100m^2$ 可燃性液体最大量是 16L；有单独放置可燃性液体的储存柜；严禁明火，熟悉消防栓的位置。

② 氧化剂：氧化剂可以引发和加速燃烧，使用和储存氧化剂的过程中需要远离可燃物和热源。

③ 性质活泼的化学品：在特定物理条件下或与其他物质接触时会发生剧烈反应，反应时会释放有毒烟雾，会造成燃烧和爆炸。

④ 压缩气体：存放压缩气体的容器必须固定在一定位置，竖直向上放置，要有盖好的帽或压力表，必须有气体资料标签，必须标注满或空及使用时间。

⑤ 窒息剂：窒息剂能够干扰机体把氧气输送到身体各个器官，它们能取代空气中的氧气，导致机体迅速衰竭乃至死亡。

⑥ 腐蚀性物质：腐蚀性物质是单次接触即能导致暴露的活体组织伤害的具有严重毒性的化学品，包括强酸，强碱，有机溶剂。

a. 腐蚀性物质的储存：必须存放在腐蚀性物质专用的箱内，需有二次隔离措施，也可放在通风处的腐蚀性物质专柜中。

b. 工作中操作腐蚀性物质的原则：任何情况下都需保护好眼睛、皮肤和面部；需佩戴防腐蚀的手套，穿戴隔离服，佩戴护目镜，可以额外佩戴面罩，严禁穿短裤短袖衫和露趾鞋。

⑦ 特殊化学性伤害

a. 选择性致癌剂：长期反复接触有致癌性的化学品会引起特殊化学性伤害，如苯类化合物，甲醛等。

b. 生殖系统毒性物质：影响孕期女性（导致胎儿畸形/引起发育迟缓），对男/女生殖系统有损害，如苯类化合物。

⑧ 其他各种可能伤害因素

a. 冻伤：包括干冰和液氮，导致冻伤。

b. 紫外线和红外线辐射伤：易在室内导致眼睛和其他暴露在外的部位的伤害。

c. 巨大的静电或磁场伤害：某些仪器长时间运行会向外释放电离辐射或周围易产生静电，会影响人的健康。

d. 电击伤害：通电的设备和工具都可能成为危害源，使用时需确保与使用人绝缘；使用在温度低的房间内的电器需多加注意，需要知道电闸开关的位置，在接触高电压设备时需确保其在断电状态，将电器远离水槽和潮湿处，注意连接处的松动会引发火花和电弧。

（2）个人防护用品

个人防护用品包括护目镜，手套，隔离服，口罩等。严禁穿戴防护用品直接接取饮用水、开关门、拧水龙头、操作电脑、进入和触碰非实验区域。

（3）各种情况的处理方案

① 对不慎漏出的非气态化学品，需执行以下清理程序：

佩戴个人防护用品—用吸附性好的材料防止继续溢出—收集残余物—清洁净化污染区域—书写事件报告。

② 气态化学品泄漏

先提醒附近的人员（包括泄漏气体的名称、位置、泄漏规模）—排空通风—联系管理员。

③ 紧急救治护理

对眼睛进行必要的冲洗，冲洗之后立即送往医院就医。

（4）实验室各种仪器设备的操作规范及安全注意事项

实验室管理员对每个进入实验室进行工作和实验的人员，在可能使用的设备前，进行必要的培训和指导，并明确消防逃生通道和各个灭火器械的位置及讲解使用方法。

(5) 使用气瓶的注意事项

① 气瓶应存放在阴凉、干燥、远离热源处，可燃性气体钢瓶必须与氧气钢瓶分开存放；

② 绝不可使油或其他易燃有机物沾在气瓶上（特别是气门嘴和减压阀），不得用棉、麻等物堵漏，以防燃烧引起事故；

③ 使用气瓶中的气体时，要用减压阀，各种气体的气压表不得混用，以防爆炸；

④ 不可将气瓶内的气体全部用完，一定要保留 0.05MPa 以上的残留压力；

⑤ 为了避免各种气瓶混淆而用错气体，通常在气瓶外面涂以特定的颜色以便区别，并在瓶上写明瓶内气体的名称。

(6) 废物处理

对废物容器应贴标签，妥善保存，按规定丢弃。动物尸体应包裹完善后放入指定冰柜统一处理。化学性废物收集和储放具体操作见 2.3.3.2 节。

7.3.2 实验室人员健康安全管理

(1) 严格执行实验室准入制度

国内部分高校的实验室并未实行严格的安全准入制度。对新进实验室的人员只进行例行式宣传教育，未对其进行详细到位的安全培训，会在很大程度上为实验室安全埋下隐患。目前大部分高校借助信息化手段，要求新进人员必须参加线上及线下的实验室安全培训。例如，福州大学采用实验室安全知识线上考试的方式，对新进实验室的本科生和研究生进行实验室准入考核。

实验室准入制度对象可以分为两类：一是在特定实验室内进行长期实验研究工作的实验人员。他们以课题组为单位，在课题组负责管理的特定实验室内进行实验工作。二是来自其他实验室、学院或单位的人员，或是高校内需要进行科研训练计划的本科学生。

对于第一类人群，应统一参加学院或学校层面的实验室准入考核，并以课题组为单位，在课题组导师监督与指导下进行实验工作。由于参与统一的实验室准入考核，因此实验室内安全责任由课题组成员共同承担，导师作为主要责任人。

对于第二类人群，尤其是需要进行科研训练计划的本科学生，应严格实行以下实验室安全准入制度：

① 新进人员通过线上的实验室安全教育与考试系统进行学习与考试，根据自己即将开展的实验内容填写《实验室准入申请表》，向对应课题组预约实验室并撰写详细的《实验风险评估报告》；

② 实验室管理员与课题组负责人对报告进行审核，审核通过后对其开展常规性和针对性的培训；

③ 培训结束后，实验室安全管理员、课题组负责人与新进人员签订《实验室安全承诺书》（若该学生有负责导师，还需其导师签字确认；若是企业或其他机构的科研人员，则还需其负责人签字）；

④ 签订《实验室安全承诺书》后，新进人员即可在该实验室进行实验活动，但仍需接受该实验室所属课题组成员的监督。

(2) 实行动态化日常管理

随着实验室的人员流动与科研活动的开展，如实验人员的增补、实验项目内容的变化、使用的化学试剂种类与性质的变化，实验室内的安全风险因素也随之发生改变。管理者需对实验室的日常运行实行动态化管理，密切关注实验室环境、物、人三方面的动态变化。

对于实验室环境，需要定期关注场地安全情况，如天花板、墙面和地面是否有老化开裂的风险，其次是水电安全，如有无漏水漏电、是否按规范用电等。通过日常的巡视检查，实验室管理者可对风险早发现、早排除。对于实验室内的物，如仪器设备、安全保障设施、实验用试剂材料等，实验室管理者需定期对相关设备设施进行维护维修，对实验室内的试剂材料进行风险评估，严格管控危化品的使用，定期处理实验室内存放的废物；同时有义务对实验人员进行相关仪器、试剂使用的培训，在保障实验人员安全开展科研活动的同时，也保障了设备设施安全。实验人员作为实验室安全风险来源的重要组成部分，管理者需了解实验人员的实验内容及日常动态，对存在实验室安全风险的操作及时提出整改意见。此外，管理人员必须与实验人员建立一种有效的沟通方式，最简便的是构建微信群，不仅方便日常发布通知，也方便实验人员及时向管理人员反映实验室的相关情况。

(3) 开展必要的实验室安全教育

加强实验室安全教育、提高实验人员的安全意识是实验室安全管理必不可少的一环。借助上述提到的实验室微信群,开展实验室日常管理工作。例如,在微信群内开展仪器设备培训、安全知识通识教育、发布各项操作规程和注意事项等。此外,将实验室安全知识通识教育与考核也在实验室微信群里完成,这些信息通常是以视频会议、公众号推文、线上课程与考试等方式进行。在时间与经费允许的前提下,学院负责管理实验室安全的职能部门可以多开展安全教育讲座、宣传活动,并在其中设置一些体验环节,邀请第三方专业机构开展指导,组织多样化的实验室安全事故演练,通过让学生和教师自己操作体验、演练的方式,增强其对实验安全隐患的警惕性,也能有效提高其应急处置能力。

(4) 提高实验人员情绪稳定性

安全意识对实验人员情绪稳定性的影响最为显著,其次是安全氛围、实验室环境舒适度、个性特征等因素。因此,高校应注重开展以实验人员安全心理与情绪为主题的教育和培训,适当加大安全投入力度,着力改善实验室的安全氛围和环境。另外,高校还应根据实验人员的个性特征,合理安排相应风险的实验工作,使其能以最好的状态投入科研工作。

(5) 强化实验室"5S"管理

实验室人员需要学习实验室"5S"管理,了解"5S"的每个环节。首先是在整理环节,实验室人员需要学会区分"用"与"不用"的物品,要用的物品留在现场,不用的物品移出现场。通过消除积压物品,以改善实验室空间,塑造井然有序的实验环境。其次是在整顿环节,实验室人员要将现场需要的物品分门别类摆放和布置,并进行标识。再者是在清扫环节,实验室人员要清除一切污垢、垃圾,并点检设备。其目的是帮助实验室人员保持良好的工作情绪,减少设备故障,保持实验室干净。然后是清洁环节,这一环节要求实验室人员对整理、整顿、清扫坚持和深化,以保持工作场所最佳状态。最后的环节要求实验室人员养成遵守规章制度、自觉维护"5S"管理,提升个人的综合素质,营造团队精神。

(6) 促进健康风险评估应用

实验室人员开展各类研究活动时,不可避免地使用各类化学品、机电设备等。其中存在各种健康危害因素,并且这些健康危害因素是长期存在的,对实验室人员的健康安全威胁是不容忽视的。因此，需要重视实验环境的健康风险评估工作。健康风险评估工作的常规流程入下。首先，实验室人员根据实验室类型进行有害因素识别，主要工作为现场资料收集、现场调查、健康检查和采样检测。其次，结合流行病学、毒理学等专业资料，确定有害因素的健康风险，按照相关的权威危害分级标准对实验室健康风险进行分级。然后，选取适用的定性、半定量或定量评估方法进行健康风险评估，并根据评估结果进行风险特征描述。最后，实验室人员根据风险特征制定和实施控制措施。实验室人员要定期开展健康风险评估以确保实验环境对健康安全的威胁得以控制和减少。

（7）正确安装与使用实验室通风设施

实验室内应安装必要的通风系统。通风系统排出的废气，必须经净化处理才能排放。对于存放有毒气体、易燃易爆气体或大量惰性气体的房间，还必须安装气体泄漏报警装置、氧气浓度检测装置及机械通风设备。

正确使用通风橱，确保实验室内的通风效果。通风橱在不使用时应关闭窗门，在使用时不得将窗门打开到最高位置，通风橱窗口开启高度要安装限位装置，无人使用时自动关闭通风橱窗门；不得在通风橱内存放试剂，特别是易燃易爆试剂，不能摆放杂物；禁止将通风橱安装在室内通道、门口、新风系统入口附近，以免产生气旋涡流降低排风效果。万向抽风罩和吸风臂不能用于开展易挥发性试剂的化学实验，只能进行排烟排雾。要定期对通风设施的通风效果进行检测。

参考文献

[1] 中华人民共和国教育部．教育部关于加强高校实验室安全工作的意见[EB/OL]．(2019-05-24)[2023-03-28]．http://www.moe.gov.cn/srcsite/A16/s3336/201905/t20190531_383962.htmL.

[2] 程硕,洪溢都．PDCA循环模型在地方高校化学实验室安全管理中的应用与探索[J]．实验技术与管理，2022，39(02)：243-248.

[3] GB/T 45001—2020．职业健康安全管理体系要求及使用指南[S].

[4] 阳富强，赵家乐．基于扎根理论的高校实验室风险因子分析[J]．实验技术与管理，2022，39(05)：217-222.

[5] 李斌,贺婧,邓蕾,等．高校实验室常见职业健康危害与防护措施[J]．职业卫生与应急救援，

2021,39(03):327-332.

[6] 阳富强,陶菁.基于微信公众平台的大学生安全文化通识教育课程建设[J].化工高等教育,2020,37(02):103-107.

[7] 阳富强,胡涛,陶菁.考虑情绪智力因素的高校实验室安全管理对策[J].化工高等教育,2022,39(06):114-121.

[8] 阳富强,宋雨泽,蔡逸伦."5S"法在高校实验室安全管理中应用[J].实验室研究与探索,2018,37(07):313-317.

[9] 杨琳,叶飞,苏希鹏,等.职业健康风险评估在实验室安全中的应用[J].实验室科学,2021,24(04):205-209.

[10] 方林,黄宏海.高校实验室的环境污染与防治措施[J].化学工程师,2008,149(2):47-49.

[11] 殷馨.化学实验室安全与环境保护规范化管理[J].实验科学与技术,2011,9(5):166-167.

第 8 章

实验室安全事故应急处置

高校实验室一旦发生事故,如何快速高效地进行行之有效的处置,将事故影响降至最低,这需要我们充分了解和掌握实验室安全事故应急处置流程、装备和措施。本章介绍了各类实验室安全事故的应急处置流程,以及应用于实验室内的各种应急设备和个人防护装备。此外,本章还介绍了心肺复苏术、触电急救方法、烧烫冻伤处理方法、机械性损伤与异物入眼处理方法、化学灼伤与中毒急救方法、化学泄漏和生物安全事故处置方法等现场应急控制与急救措施。

8.1 实验室安全事故应急处置规范

8.1.1 实验室安全事故应急处置流程

8.1.1.1 实验室安全事故应急处置原则

高校实验室发生事故后,在进行实验室救援行动时应牢记以下原则:

(1) 先救人,后救物

当实验室管理部门接收到事故报警消息时,应立即展开救援行动。救援队伍抵达现场后,根据现场事故情况,尽可能第一时间对被困人员予以救援。等到被困人员全部救出后,再结合事故发展情况与物品重要性,判断是否开展被困物品的救援。

(2) 先控制,后清理

当发生火灾、爆炸、泄漏等事故时,应急救援队伍应先控制事故,尽可能避免事故现场发生二次事故。在事故现场被完全控制，完成现场安全性评估后，即可开展事故现场清理行动。

（3）统一指挥，分工协作

在发生事故时，应由消防救援部门和高校应急管理部门对救援行动进行统一指挥。消防部门负责现场救援的统一指挥，高校应急管理部门负责救援支援与善后工作的统一指挥。高校与消防部门从两方面充分协调事故救援行动，提高事故救援效率，降低事故后果的严重性。

8.1.1.2 火灾爆炸事故应急处置流程

火灾爆炸事故应急处置的主要流程如图8-1所示。

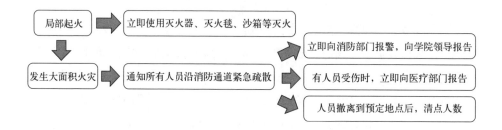

图8-1 火灾爆炸事故应急处置流程

8.1.1.3 漏电触电事故应急处置流程

漏电触电事故应急处置的主要流程见图8-2。

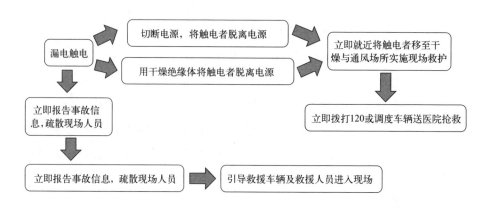

图8-2 漏电触电事故应急处置流程

8.1.1.4 危化品泄漏事故应急处置流程

危化品泄漏事故应急处置的主要流程见图 8-3。

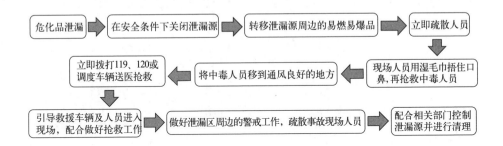

图 8-3 危化品泄漏事故应急处置流程

8.1.1.5 机械伤害事故应急处置流程

机械伤害事故应急处置的主要流程见图 8-4。

图 8-4 机械伤害事故应急处置流程

8.1.1.6 污染事故应急处置流程

污染事故应急处置的主要流程见图 8-5。

8.1.1.7 仪器设备安全事故应急处置流程

仪器设备事故应急处置流程见图 8-6。

8.1.2 应急通信

为方便读者能够了解相关应急通信号码，此处提供了常用的应急通信号码：

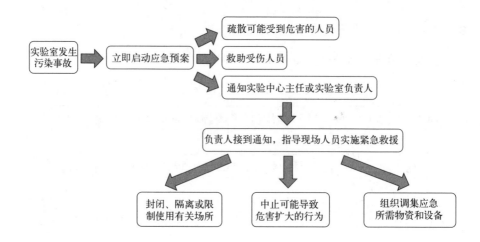

图 8-5　污染事故应急处置流程

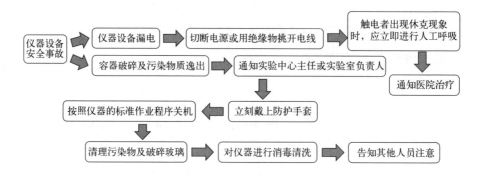

图 8-6　仪器设备安全事故应急处置流程

① 火警电话：119；

② 报警电话：110；

③ 医疗急救电话：120。

8.1.3　实验室应急装备与设施

8.1.3.1　实验室应急设施

（1）喷淋器与洗眼器

① 喷淋器。喷淋器是紧急情况下进行全身冲淋的设备，主要组成结构包括控制阀、喷淋头、阀门驱动装置（如手拉杆），如图 8-7 所示。其使用

方法为：

  a. 站立于紧急喷淋装置下方，向下拉动喷淋器手拉杆。

  b. 用大量冲洗液冲洗全身（不少于15min）。

  c. 冲洗完毕，将手拉杆向上推复位。

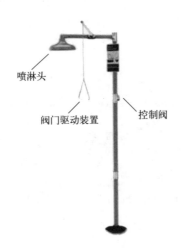

图 8-7　应急喷淋器

② 洗眼器/洗脸器。洗眼器/洗脸器是用于冲洗眼部或脸部的设备，主要组成结构包括喷头、控制阀、阀门驱动装置（如手推阀），洗眼/洗脸盆，如图 8-8 所示。使用方法：

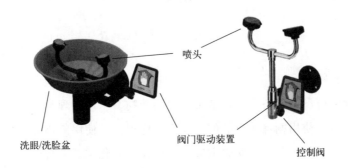

图 8-8　左为洗眼器/洗脸器，右为洗眼器

a. 握住洗眼器/洗脸器手推阀拉起洗眼器，打开洗眼器/洗脸器防尘盖。

b. 用手轻推手推阀，清洁水会自动从洗眼/洗脸喷头喷出，调整眼部或脸部迎水冲洗。

c. 用后须将手推阀复位并将防尘盖复位。

③ 复合式喷淋洗眼装置。复合式喷淋洗眼装置是由应急喷淋器、洗眼器或洗眼/洗脸器等组合成的装置，如图8-9所示。其操作方式与上述两类应急设置一致。

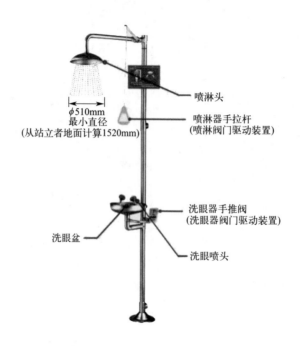

图 8-9　复合式喷淋洗眼装置

（2）药箱

实验室应设立常备药箱，准备洗眼用药物、医用生理盐水、普通创伤处理物品。对于使用剧毒化学品的实验室，应根据所使用的剧毒品性能，准备相应的药物或催吐药物。实验室应根据所使用的化学试剂特性，常备防毒面具及相应防护用具。

（3）自动体外除颤器（Automatic External Defibrillator，AED）

AED是一种便携式、易于操作，稍加培训即能熟练使用，专为现场急救设计的急救设备。AED除颤仪的操作流程如下：

① 识别患者意识，启动急救

a. 观察环境：应判断现场环境是否安全。

b. 判断患者状态：观察患者是否出现意识的丧失，对于专业人士，要求在5~10s判断患者是否有呼吸，触摸颈动脉搏动，判断是否有动脉的搏动。

c. 呼救、寻找设备：如果患者没有呼吸、没有脉搏、意识丧失，这时需要大声呼救、拨打120，同时去获取AED除颤仪，并对患者实施心肺复苏，以及口对口人工呼吸。

② 根据提示操作AED除颤仪

a. 做好准备工作：AED除颤仪到达后，按照指示在患者胸部皮肤贴上电极。根据AED的语音指令操作。AED正在分析心电图时，按照语音指示并远离患者，避免干扰分析。

b. 除颤：分析完毕后，AED将会发出是否进行除颤的建议，当有除颤指征时，不要与患者接触，同时告诉附近的其他任何人远离患者，由操作者按下"放电"键除颤。除颤完成后，在连接着AED电极的情况下立即重新进行心脏按压；若不需除颤，则持续心肺复苏。2分钟后再次使用AED检查心跳，直到救护人员接手。

需注意，AED除颤仪瞬间可以达到200J的能量，在给患者施救过程中，应在按下通电按钮后立刻远离患者，并告诫身边任何人不得接触靠近患者。此外，患者在水中不能使用AED，患者胸部如有汗水需要快速擦干胸部，因为水会降低AED功效。

8.1.3.2 个人防护装备

个体防护装备（Personal Protective Equipment，PPE）是在工作中从业人员为防御物理、化学、生物等外界因素伤害所穿戴、配备和使用的各种防护用品的总称。PPE在实验室安全管理中具有举足轻重的地位和作用。需要为参加实验活动的所有人员配备PPE，以达到保护实验人员人身安全的目的。

（1）实验室PPE的种类

实验室PPE按照所涉及的防护部位分类，可分为头部防护装备、呼吸防护装备、眼面部防护装备、听力防护装备、手部防护装备、足部防护装备、躯体防护装备等七大类。针对不同部位具有不同的防护性能。在高校实验室中配备PPE，主要是保护实验人员免受职业伤害。实验室所用的任何PPE都应符合国家有关技术标准的要求；PPE的选择、使用、维护应有明确的书面规定、程序和使用指导；使用前应仔细检查，不使用标志不清、破损的PPE；在危害评估的基础上，按不同级别防护要求选择合适的PPE。

① 头部防护装备。头部防护装备用来保护人体头部，使其免受冲击、刺穿、挤压、绞碾、擦伤和脏污等伤害。在我国，头部防护装备主要指安全帽。此外，还包括面罩、工作帽和防护头套等。在实验室内实际使用时，需要了解和做到以下几点：

a. 任何人进入有明确规定要求穿戴安全帽的实验室时，必须戴安全帽。

b. 戴安全帽时，必须系紧安全帽下颌带，保证各种状态下不脱落；安全帽的帽檐，必须与目视方向一致，不得歪戴或斜戴。

c. 不能私自拆卸帽上部件和调整帽衬尺寸，以保持垂直间距和水平间距符合有关规定值，用来预防冲击后触顶造成的人身伤害。

d. 严禁在帽衬上放任何物品。严禁随意改变安全帽的任何机构。严禁用安全帽充当器皿使用。严禁用安全帽当坐垫使用。

e. 应经常保持帽衬清洁，不干净时可用肥皂水和清水冲洗。用完后不能放置在酸碱、高温、日晒、潮湿和有化学溶剂的场所。

f. 使用中受过较大冲击的安全帽，或帽壳、帽衬老化或损坏，降低了耐冲击和耐穿透性能的安全帽，不得继续使用，要更换新帽。

g. 安全帽应从购入时开始计算其使用期限，安全帽超过其一般使用期限易出现老化，丧失安全帽的防护性能。

② 呼吸防护装备。呼吸防护装备是防御空气缺氧和空气污染物进入人体呼吸道，从而保护呼吸系统免受伤害的防护装备。按照防护部位及气源与呼吸器官连接的方式主要分为口罩式、口具式、面具式三类。使用时的主要注意事项如下：

a. 使用前应仔细阅读产品说明书，并严格按要求使用。

b. 不允许单独使用逃生型呼吸器进入有害环境，只允许从中离开。

c. 在缺氧危险作业中使用呼吸防护装备应符合《缺氧危险作业安全规程》(GB 8958—2006) 的规定。

d. 在低温环境下的呼吸防护装备：全面罩镜片应具有防雾或防霜的能力。

③ 眼面部防护装备。眼面部防护装备是防御电磁辐射、紫外线及有害光线、烟雾、化学物质、金属火花和飞屑、尘粒，抗机械和运动冲击等伤害眼睛、面部和颈部的防护装备，包括太阳镜、安全眼镜、护目镜和面罩等。注意点如下：

a. 在所有易发生潜在眼睛损伤和面部损伤的实验室工作时，必须佩戴眼面部防护装备。

b. 在化学类、生物类实验室工作时，不得佩戴隐形眼镜，以防止角膜烧伤等事故。

c. 实验室里不能以隐形眼镜、普通眼镜来代替护目镜或安全眼镜。

④ 听力防护装备。听力防护装备用来保护听觉，使人耳免受噪声过度刺激，包括耳塞、耳罩等。实验人员长期暴露于高强度的噪声中可导致听力下降甚至丧失。在实验过程中，当实验室的噪声达到 75dB 或在 8h 内噪声大于平均水平时，实验人员应该佩戴听力防护装备，降低或消除噪声对听力的损害。此外，在实验室里，禁止戴耳机，防止自己无法在第一时间听到实验室的意外情况。

⑤ 手部防护装备。手部是实验过程中最容易受伤的部位，因此手部需要得到更好的保护。手部防护装备是保护手部和前臂免受伤害的防护装备，主要装备有各种防护手套、袖套等。在实验室工作时应必须根据实际情况选择和使用合适的手套以防各类伤害。如果手套被污染，应尽早脱下，妥善处理后丢弃。实验室工作人员需要接受手套选择、使用前和使用后的佩戴及摘除等方面的培训。手套的规范使用应注意以下几个要点：

a. 手套的选择：实验室一般使用天然乳胶、丁基橡胶、聚氯乙烯、丁腈、聚乙烯醇等材质的手套，对于接触强酸、强碱、高温物体、超低温物体、人体组织、尸体解剖等特殊实验材料时，必须选用合适材质的手套。

b. 手套的检查：在使用前应仔细检查手套是否褪色、破损（穿孔）或有裂缝。

c. 手套的使用：生物实验室根据实验室生物安全不同的级别需佩戴一副或者两副手套。如果手套被撕破、损坏或污染，应立即将手套脱下丢弃并按照规范处理，换戴上新手套继续实验。一次性手套不得重复使用。不得戴着手套离开实验室。

d. 避免手套交叉污染：戴手套的手应避免触摸身体部位或者不必要的物品表面。手套破损更换新手套时应先对手部进行清洗，去污染后再戴上新的手套。

e. 戴和脱手套注意要点：在戴手套前，应选择合适的手套类型和尺寸；在实验室工作中要根据实验室工作内容，尽可能保持戴手套状态。戴手套的手要远离面部。

⑥ 足部防护装备。足部防护装备可以保护研究人员的小腿及脚部免受物理、化学和生物等外界因素伤害，主要是防护鞋、靴。在实验室中对足部防护装备的要求如下：

a. 禁止在实验室（尤其是化学、生物和机电类实验室）穿凉鞋、拖鞋、高跟鞋、露趾鞋和机织物鞋面的鞋。

b. 鞋应该舒适、防滑，推荐使用皮制或合成材料的不渗液体的鞋类。

c. 鞋套和靴套使用后应及时脱掉并规范处置，不允许到处走动，以防交叉感染。

⑦ 躯体防护装备。躯体防护装备可以保护穿戴者躯干部位免受物理、化学和生物等有害因素伤害，主要有工作服、防护服等。防护服包括实验服、隔离衣、连体衣、围裙以及正压防护服。在实验室中的工作人员应该一直或者持续穿着防护服，清洁的防护服应该放置在专用存放处，污染的防护服应该放置在有标志的防泄漏的容器中，每隔一定的时间应更换防护服以确保清洁。当知道防护服被危险物质污染后应立即更换，离开实验室区域之前应该脱去防护服。防护服最好能完全扣住。防护服的清洗和消毒必须与其他衣物完全分开，避免其他衣物受到污染。禁止在实验室中穿短袖衬衫、短裤或者裙装。

（2）PPE 的配备原则

PPE 的配备应遵守以下三项原则。

① 针对性。根据不同的工作环境，不同的职业危害因素、有害物质，及防护的具体部位配备适用的 PPE。

② 适用性。PPE 具有很强的个体适用性，要根据每个人的体型差异、对危害因素的敏感度、工作现场危害因素等配备适合的 PPE。

③ 高标准。在配备、使用和管理 PPE 时，需依据《个体防护装备配备

规范第 1 部分 总则》(GB 39800.1—2020)执行,以保护实验室人员的安全与健康。

(3) PPE 的配备步骤　PPE 的配备应遵循以下四个步骤:

① 识别危险因素。认真、仔细分析和识别实验室内以及某项实验活动中所存在危险因素的种类。

② 评估危害程度。对实验室现场的危害信息进行分析评估,有针对性地选择适合的 PPE。

③ 选择适用的 PPE。根据危险因素识别和危害程度评估结果,为每位参与实验室活动的人员选择配备具有相应功能的、适用的 PPE。

④ 使用方法的培训。使用 PPE 的所有人员必须经过使用方法的培训和定期的再培训。培训内容包括 PPE 的选择、如何正确穿戴、使用、保养、保存以及 PPE 的优缺点等。

PPE 在高校实验室 EHS(Environment,Health and Safety)管理中具有十分重要的地位和作用,它是保障实验室师生员工生命安全和健康的重要装备。为使 PPE 发挥其应有的效用,要在其全生命周期内加强管理,确保其能发挥最大的功效。

8.2 实验室各类伤害应急处置

8.2.1 心肺复苏术

心肺复苏术(Cardiopulmonary Resuscitation,CPR),是针对骤停的心脏和呼吸采取的救命技术,该技术是为了恢复患者自主呼吸和自主循环。本节介绍的 CPR 实施对象仅针对成人,不涉及儿童。主要流程如图 8-10 所示。

8.2.1.1　CPR 的实施步骤与动作要领

① 评估现场环境安全及患者的意识、呼吸、脉搏等:急救者在确认现场安全的情况下轻拍患者的双侧肩膀,并大声呼喊"你还好吗"。检查患者是否有呼吸,如果没有呼吸或者只有喘息,立刻启动紧急医疗服务(见图 8-11)。

② 脉搏检查:对于非专业急救人员,只要发现无反应的患者没有自主呼吸就应按心搏骤停处理。对于专业急救人员,一般以一手食指和中指触摸

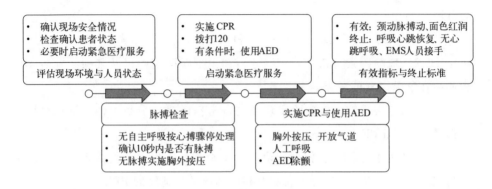

图 8-10　实施 CPR 的流程框图

图 8-11　评估现场环境、患者状态与使患者仰卧

患者颈动脉以感觉有无搏动（见图 8-12）。检查脉搏的时间一般不能超过 10s，如 10s 内仍不能确定有无脉搏，应立即实施胸外按压。

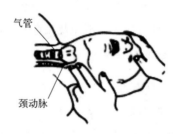

图 8-12　脉搏检查

③ 启动紧急医疗服务（Emergency Medical Service，EMS）并获

取 AED。

a. 如发现患者无反应无呼吸，急救者拨打 120，取来 AED（如果有条件），对患者实施 CPR，如需要，应立即进行除颤。

b. 如有多名急救者在现场，其中一名急救者按步骤进行 CPR，另一名拨打 120，取来 AED（如果有条件）。

c. 在救助淹溺或窒息性心搏骤停患者时，急救者应先进行 5 个周期（共 2 min）的 CPR，然后拨打 120 启动 EMS 系统。

④ 胸外按压：确保患者仰卧于平地上或用胸外按压板垫于其肩背下，急救者可采用跪式或踏脚凳等不同体位，将一只手的掌根放在患者胸骨中下 1/3 交界处，将另一只手的掌根置于第一只手上。手指不接触胸壁。按压时双肘须伸直，垂直向下用力按压，成人按压频率为 100～120 次/min，下压深度 5～6cm，每次按压之后应让胸廓完全回复。按压时间与放松时间各占 50% 左右，放松时掌根部不能离开胸壁，以免按压点移位（见图 8-13）。按压部位正确与否对心肺复苏术的效果起到关键影响。为了尽量减少因通气而中断胸外按压，对于未建立人工气道的成人，2020 年美国心脏协会《心肺复苏急救及心血管急救指南》推荐的按压-通气比率为 30：2。如双人或多人施救，应每 2min 或 5 个周期 CPR 更换按压者，并在 5s 内完成转换。

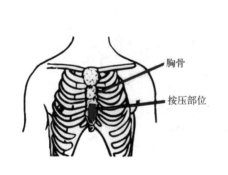
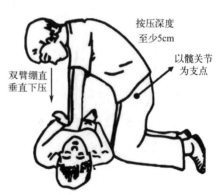

图 8-13 胸外挤压

⑤ 开放气道：开放气道提供人工呼吸有两种方法：仰头抬颌法和推举下颌法。后者仅在怀疑头部或颈部损伤时使用，因为此法可以减少颈部和脊

椎的移动。遵循以下步骤实施仰头抬颌（见图 8-14）：将一只手置于患者的前额，然后用手掌推动，使其头部后仰；将另一只手的手指置于颌骨附近的下颌下方；提起下颌，使颌骨上抬。注意在开放气道同时应该用手指挖出病人口中异物或呕吐物，有假牙者应取出假牙。

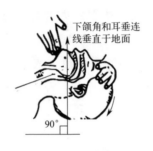

图 8-14　开放气道

⑥ 人工呼吸（见图 8-15）：给予人工呼吸前，施救者正常吸气即可，无需深吸气；所有人工呼吸均应该持续吹气 1s 以上，保证有足够量的气体进入并使胸廓起伏；如第一次人工呼吸未能使胸廓起伏，可再次用仰头抬颌法开放气道，给予第二次通气；应避免过度通气。

图 8-15　人工呼吸

实施口对口人工呼吸是借助急救者吹气的力量，使气体被动吹入肺泡，通过肺的间歇性膨胀，以达到维持肺泡通气和氧合作用，从而减轻组织缺氧和二氧化碳滞留。方法为：将受害者仰卧置于稳定的硬板上，托住颈部并使头后仰，用手指清洁其口腔，以清除气道异物，施救者以右手拇指和食指捏紧病人的鼻孔，用自己的双唇把病人的口完全包绕，然后吹气 1s 以上，使胸廓扩张；吹气完毕，施救者松开捏鼻孔的手，让病人的胸廓及肺依靠其弹性自主回缩呼气，同时均匀吸气，以上步骤再重复一次。如患者面部受伤妨碍进行口对口人工呼吸，可进行口对鼻通气。深呼吸一次并将嘴封住患者的鼻子，抬高患者的下巴并封住口唇，对患者的鼻子深吹一口气，施救者移开嘴并用手将受伤者的嘴敞开，这样气体可以出来。在建立了气道后，每 6～8s 进行一次通气，而不必在两次按压间才同步进行人工呼吸（即呼吸频率 8～10 次/min），在通气时需要继续进行胸外按压。

⑦ AED 除颤：室颤是成人心搏骤停的最初发生的较为常见而且是较容易治疗的心律失常。对于室颤患者，如果能在意识丧失的 3～5min 内立即实施 CPR 及除颤，存活率是最高的。

8.2.1.2 CPR 的有效指标与终止标准

非专业施救者应持续 CPR 直至获得 AED 和被 EMS 人员接替，或患者开始有活动，不应为了检查循环或检查反应有无恢复而随意中止 CPR。对于医务人员应遵循下述心肺复苏有效指标和终止抢救的标准。

(1) 心肺复苏有效指标

① 颈动脉搏动：按压有效时，每按压一次可触摸到颈动脉搏动一次，若中止按压搏动亦消失，则应继续进行胸外按压，如果停止按压后脉搏仍然存在，说明病人心搏已恢复。

② 面色（口唇）：复苏有效时，面色由紫绀转为红润，若变为灰白，则说明复苏无效。

③ 其他：复苏有效时，可出现自主呼吸，或瞳孔由大变小并对光有反应，甚至有眼球活动及四肢抽动。

(2) 终止抢救的标准

现场 CPR 应坚持不间断地进行，不可轻易作出停止复苏的决定，如符合下列条件，现场抢救人员方可考虑终止复苏：

① 患者呼吸与心跳已有效恢复；

② 无心搏和自主呼吸，CPR 在常温下持续 30min 以上，EMS 人员到场确定患者已死亡；

③ 有 EMS 人员接手承担复苏或其他人员接替抢救。

8.2.2 触电急救措施与方法

① 触电事故发生后，首先应迅速查看配电系统。如果实验室总配电箱上的总漏电保护没有跳闸，则以手动扳下闸刀断电。

② 当电线搭落在触电者身上或被压在身下时，可用干燥的衣服、手套、绳索、木板、木棒等绝缘物作为工具，拉开触电者或电线。

③ 如果触电者倒地或俯卧在仪器上，不要试图关闭仪器上的开关或拔掉仪器后方墙面上的众多的插头，也不要试图移动触电者的身体，而应迅速断电。

④ 进行现场急救。需要现场救治的触电者，大致可以分为下列三种情况：

a. 对伤势不重、神志清醒，但有点心慌、四肢发麻、全身无力，或者触电过程中曾一度昏迷，但已经清醒过来的触电者，此时应让其安静休息，并注意观察。呼叫医生前来诊治，或送医院救治。

b. 对伤势较重、已失去知觉，但心脏仍在跳动，有呼吸的触电者，应让其安稳平躺。伤者周围人群散开，保持空气流通良好。解开其衣服领口以及裤带，以便于其呼吸。

c. 对伤势较重，呼吸或脉搏停止，甚至呼吸和脉搏都已经停止，则应立即进行 CPR 进行抢救。同时尽快呼叫医生或快速送医院抢救。

⑤ 现场救护的主要方法。对触电者进行现场救护的主要方法是 CPR，操作细节见 8.2.1.1 节。

⑥ 及时拨打急救电话 120。

8.2.3 机械性损伤或异物入眼的应急处理

8.2.3.1 割伤或刺伤的应急处理

先取出伤口处的玻璃碎屑等异物，用净水洗净伤口，挤出一点血，涂上红汞药水（俗称红药水）后，再用消毒纱布包扎。也可在洗净的伤口处贴上"创可贴"，可立即止血，且易愈合。若伤口不大，也可用过氧化氢或硼酸水洗后，涂碘酊或红汞药水，但需要注意的是两者不可同时使用。若严重割伤大量出血，应先止血，让受伤者平卧，抬高出血部位，压住附近动脉，或用绷带盖住伤口直接施压；若绷带被血浸透，不要换掉，再盖上一块施压，立即送医院治疗。

如不小心被带有化学药品的注射器针头或沾有化学品的碎玻璃刺伤，应立即将伤口处挤出部分血，尽可能将化学品清除干净，降低造成人体中毒的可能性。用净水洗净伤口，涂上碘酊后，可在洗净的伤口处贴上"创可贴"。若注射器针头或沾有化学品的碎玻璃曾用于毒性大的化学品，在刺伤后应立即送医院治疗。

8.2.3.2 异物入眼的应急处理

玻璃碎屑、金属碎屑进入眼睛内比较危险。一旦眼内进入玻璃碎屑或金属碎屑，应保持平静，绝不可用手揉擦，也不要试图让别人取出碎屑，尽量不要转动眼球，可任其流泪，有时碎屑会随泪水流出。严重者，可用纱布轻轻包住眼睛后，将伤者紧急送往医院处理。若木屑、尘粒等异物进入眼内，可由他人翻开眼睑，用消毒棉签轻轻取出异物，或任其流泪待异物排出后，再滴几滴鱼肝油。

8.2.4 烧烫伤及冻伤的应急处理

8.2.4.1 烧烫伤的应急处理

在实验室内进行实验的过程中，一旦被火焰、开水、蒸汽、高温油浴、红热的玻璃、铁器等烧伤或烫伤，应立即采取以下措施：

① 保护受伤部位，迅速脱离热源。

② 立即将伤处用大量清洁的水冲淋或浸浴，以迅速降低局部温度避免深度烧伤。

③ 伤处衣物需剪开取下，切忌剥脱，以免造成二次损伤。

④ 对轻微烧、烫伤，可在伤处涂抹烧伤膏、植物油、万花油、鱼肝油、烫伤油膏或红花油后包扎。烧烫伤程度严重者，需立即送医院治疗。

⑤ 烧烫伤处有水泡，尽量不要弄破，为防止创面继续污染，可用干净的三角巾、纱布、衣服等物品简单包扎。手（足）受伤处，应对手指（脚趾）分开包扎，防止粘连。

8.2.4.2 冻伤的应急处理

冻伤是身体较长时间处于低温和潮湿刺激中，体表血管发生痉挛，血液流量减小，造成组织缺血缺氧，从而导致细胞受到损伤。冻伤发生时，受冻部位冰凉、苍白、坚硬、感觉麻木或丧失，受冻部位皮肤红肿充血，自觉热、痒、灼痛等。当温暖时转为斑状发红肿胀痛，并在4～6h内形成水疱。冻伤轻时可造成皮肤-过性损伤，愈合后不会使组织丧失功能；严重时由于深部组织冷冻可引起干性坏疽，可致组织永久性功能障碍；更严重时会出现肢体坏死，甚至死亡。实验室中的冻伤事故往往是操作液氮、干冰等制冷剂时不慎造成的。

冻伤的基本治疗目标是迅速复温，防止进一步的冷暴露以及恢复血液循环。冻伤的早期治疗包括用衣物或用温热的手覆盖受冻的部位或其他身体表面使之保持适当温度，以维持足够的血供。需要快速水浴复温，水浴温度应为37～43℃，适用于各种冻伤。除非有禁忌，止痛剂应在快速解冻时服用，以便止痛。当皮肤红润柔滑时，表明完全解冻。禁忌用冰块擦拭冻僵的肢体、干热或缓慢复温，这可进一步损伤组织；对受伤部位的任何摩擦都是禁止的。若冻伤患处破溃感染，应在局部用65%～75%酒精消毒，吸出水疱内液体，外涂冻疮膏、樟脑软膏等，保暖包扎。对伴有冻伤的低体温患者，最重要的是肢体复温以前先完成液体复苏和恢复核心体温，以预防突然出现的低血压和休克。建议使用抗凝剂以预防血栓形成和坏疽，应用抗菌药物以预防感染，并及时注射破伤风抗毒素。

8.2.5 化学灼伤及化学中毒的应急处理

8.2.5.1 化学灼伤的应急处理

化学灼伤的处理原则：应立即脱离现场，脱去被化学物质浸渍的衣服，并立即用大量清水冲洗。目的一是稀释，二是机械冲洗，将化学物质从创面和黏膜上冲洗干净。

① 硫酸、发烟硫酸、硝酸、发烟硝酸、氢碘酸、氢溴酸接触皮肤时，若接触的量不大，应立即用大量流动清水冲洗0.5h左右。如果沾有大量硫酸，可先用干燥的软布吸掉，再用大量流动清水继续冲洗15min以上，随后用稀碳酸氢钠溶液或稀氨水浸洗，再用水冲洗，最后送医院救治。

皮肤若被氢氟酸灼伤后，先用大量清水冲洗20min以上，再用冰冷的饱和硫酸镁溶液或70%酒精浸洗30min以上；或用大量清水冲洗后，用肥皂水或2%～5%碳酸氢钠溶液冲洗，用5%碳酸氢钠溶液湿敷；局部可用适量的松软膏、紫草油软膏、硫酸镁糊剂外敷。

② 氢氧化钠、氢氧化钾等碱灼伤皮肤时，先用大量清水冲洗15min以上，再用1%硼酸溶液或2%乙酸溶液浸洗，最后用清水洗。

③ 三氯化磷、三溴化磷、五氯化磷、五溴化磷、溴触及皮肤时，应立即用清水清洗15min以上，再送医院救治。磷烧伤也可用湿毛巾包裹，或用1%硝酸银或1%硫酸钠冲洗15min后进行包扎。禁用油质敷料，以防磷吸收引起中毒。

④ 盐酸、磷酸、偏磷酸、焦磷酸、乙酸、乙酸酐、氢氧化铵、次磷酸、氟硅酸、亚磷酸触及皮肤时，立即用清水冲洗。

⑤ 无水三氯化铝、无水三溴化铝触及皮肤时，可先擦干，然后用大量清水冲洗15min。

⑥ 甲醛触及皮肤时，可先用清水冲洗后，再用酒精擦洗，最后在创伤处涂上甘油。

⑦ 碘触及皮肤时，可用淀粉物质涂擦，以减轻疼痛，也能褪色。

⑧ 被溴灼伤后的伤口一般不易愈合，必须严加防范。用溴前必须配置适量的2%硫代硫酸钠溶液备用。当溴沾到皮肤时，立即用2%硫代硫酸钠溶液冲洗，再用大量清水冲洗干净，包上消毒纱布后就医。或是先用清水冲洗，然后用1体积25%氨水、1体积松节油和10体积95%的酒精混合液涂敷。此外，在受溴灼伤后，若创面起水泡，均不宜把水泡挑破。

⑨ 被金属钠灼伤：用镊子移走可见的钠块，再用乙醇擦洗，然后用清水冲洗，最后涂上烫伤膏。

⑩ 碱金属氰化物、氢氰酸：先用高锰酸钾溶液冲洗，再用硫化铵溶液冲洗。

⑪ 铬酸：先用大量清水冲洗，再用硫化铵稀溶液漂洗。

⑫ 黄磷：立即用1%硫酸铜溶液洗净残余的磷，再用0.01%高锰酸钾溶液湿敷，外涂保护剂，用绷带包扎。

⑬ 苯酚：先用大量清水冲洗，然后用4体积70%乙醇与1体积三氯化铁混合溶液洗。

⑭ 硝酸银：先用清水冲洗，再用 5％碳酸氢钠溶液漂洗，涂油膏及碳胺粉。

⑮ 硫酸二甲酯：不能涂油，不能包扎，应暴露伤处让其挥发。

⑯ 眼睛灼伤或进异物：大多数有毒有害化学物品接触眼睛，一般会引起眼睛发痒、流泪、发炎疼痛，有灼烧感，甚至引起视力模糊或失明。一旦眼内溅入任何化学药品，则应立即用大量净水缓缓冲洗。洗眼时要保持眼皮张开，可由他人帮助翻开眼睑，持续冲洗 15min，边洗边眨眼睛。若为碱灼伤，则用 2％硼酸溶液淋洗；若为酸灼伤，则用 3％碳酸氢钠溶液淋洗。切忌用稀酸中和眼内的碱性物质，也不可用稀碱中和眼内的酸性物质。溅入碱金属、溴、磷、浓酸、浓碱或其他刺激性物质的眼睛灼伤，急救后必须送医院检查治疗。

8.2.5.2 化学中毒的应急处理

(1) 常见的实验室毒性化学品中毒应急处理

了解毒性化学品的中毒症状和急救措施可以有效减少毒性化学品对人体的伤害。本节给出常见的实验室毒性化学品侵入人体的中毒症状以及急救方式。

① 氰化物或氢氰酸

• 症状：少量吸入的患者出现胸闷、心悸、头痛、恶心。重度中毒患者全身肌肉松弛，反射消失，昏迷、血压骤降、呼吸浅而不规律、很快呼吸先于心跳停止而死亡。

• 急救方式：使患者迅速脱离中毒现场，脱去污染的衣物，呼吸新鲜空气，即时送医洗胃，皮肤或眼污染时用大量清水冲洗。呼吸浅慢或停止者，立即给予呼吸兴奋剂或人工呼吸。

② 氢氟酸或氟化物

• 症状：如果吸入了较高浓度的液体，会直接引起呼吸道或眼部黏膜出现刺激的症状。患者会发生支气管炎、水肿、眼部出现剧烈的刺激疼痛感，较为严重的患者还会出现眼膜损伤、皮肤潮红、局部出现坏死的症状。如果时间较短或浓度较低的液体，会直接腐蚀牙齿、出现低血钙、氧饱和度下降、嗅觉减退等症状。

• 急救方式：当皮肤接触以后要立即用大量流水，做长时间彻底冲洗。

如果被氢氟酸烧灼伤，可以用石灰水浸泡或湿敷。氢氟酸烧伤，治疗液可以选用20mL5％氯化钙、5mg地塞米松浸泡或湿敷。当氢氟酸进入眼睛时，要立即分开眼睑，用大量清水连续冲洗15min，然后滴入2～3滴局部麻醉眼药，可以减轻疼痛，需赶紧送到眼科就诊。

③ 硝酸、盐酸、硫酸及氮氧化物

- 症状：三种酸对皮肤和黏膜有刺激和腐蚀作用，能引起牙齿酸蚀病，一定数量的酸落到皮肤上即产生烧伤，且有强烈的疼痛。当吸入氧化氮时，强烈发作后可有2～12h的暂时好转，然后继续恶化，虚弱者咳嗽更加严重。

- 急救方式：吸入新鲜空气。皮肤灼伤时立即用大量水冲洗，或用稀苏打水冲洗。如有水泡出血，可涂红汞或紫药水。眼、鼻、咽喉受蒸气刺激时，也可用温水或2％苏打水冲洗和含漱。

④ 砷及砷化物

- 症状：急性中毒有胃肠型和神经型两种症状。大剂量中毒时，30～60min即感觉口内有金属味，口、咽和食管内有灼烧感、恶心呕吐、剧烈腹痛。呕吐物初呈米汤样，后带血。全身衰弱、剧烈头痛、口渴与腹泻，大便初期为米汤样，后带血。皮肤苍白、面绀，血压降低，脉弱而快，体温下降，最后死于心力衰竭。吸入大量砷化物蒸气时，产生头痛、痉挛、意识丧失、昏迷、呼吸和血管运动中枢麻痹等神经症状。

- 急救方式：必须立即使中毒者离开现场，吸入新鲜空气。鼻咽部损害用含碘片或用1％～2％苏打水含漱或灌洗。皮肤受损害时涂氧化锌或硼酸软膏，有浅表溃疡者应定期换药，防止化脓。专用解毒药为12％硫酸亚铁溶液与20％氧化镁混悬液，在用前等量混合配制，用时摇匀，用汤匙每5min灌一次，直至呕吐，停止给药。

⑤ 汞及汞盐

- 急性症状：严重口腔炎、口有金属味、恶心呕吐、腹痛、腹泻、大便血水样，患者常有虚脱、惊厥。尿中有蛋白和血细胞，严重时尿少或无尿，最后因尿毒症死亡。

- 慢性症状：损害消化系统和神经系统。口有金属味，齿龈及口唇处有硫化汞的黑淋巴结及唾液腺肥大等症状。出现嗜睡、头疼、记忆力减退、手指和舌头出现轻微震颤等。

● 急救方式：急性中毒早期用饱和碳酸氢钠溶液洗胃，或立即给饮浓茶、牛奶、吃生鸡蛋清和蓖麻油，立即送医院救治。

⑥ 铅及铅化合物

● 急性症状：口腔内有甜金属味、口腔炎、食管和腹腔疼痛、呕吐、流眼泪、便秘等。

● 慢性症状：贫血、肢体麻痹瘫痪及各种精神症状。

● 急救方式：急性中毒时用硫酸钠或硫酸镁灌肠，立即送医院治疗。

⑦ 三氯甲烷

● 症状：长期接触会出现消化障碍、精神不安和失眠等症状。

● 急救方式：重症中毒患者，应使其呼吸新鲜空气，向颜面喷冷水，按摩四肢，进行人工呼吸。包裹身体保暖并送医院救治。

⑧ 苯及其同系物

● 急性症状：沉醉状、惊悸、面色苍白、继而赤红、头晕、头痛、呕吐。

● 慢性症状：以造血器官与神经系统的损害最为显著。

● 急救方式：给急性中毒患者进行人工呼吸，有条件时给予输氧救治，立即送医院救治。

⑨ 四氯化碳

● 急性症状：皮肤接触会因脱脂而干燥皲裂；吸入后黏膜刺激，中枢神经系统抑制和胃肠道刺激症状。

● 慢性症状：神经衰弱，损害肝、肾。

● 急救方式：皮肤接触可用2％碳酸氢钠或1％硼酸溶液冲洗皮肤。意外吸入后，即时将患者远离中毒现场急救，人工呼吸、吸氧。

⑩ 铬酸、重铬酸钾及铬化合物

● 症状：对黏膜有剧烈刺激，产生炎症和溃疡，可能致癌。

● 急救方式：用5％硫代硫酸钠溶液清洗受污染皮肤。

⑪ 石油烃类

● 症状：汽油对皮肤有脂溶性和刺激性，使皮肤干燥、龟裂，部分人会起红斑、水泡。吸入高浓度汽油蒸气，出现头痛、头晕、心悸、神志不清等。石油烃能引起呼吸、造血、神经系统慢性中毒症状。某些润滑油和石油残渣长期刺激皮肤可引起皮癌。

- 急救方式：皮肤接触后立即用大量温水清洗。对于吸入蒸气的患者，应立即移至新鲜空气处，重症患者即时吸氧。中毒后应立即送医治疗。

(2) 其他实验室毒性化学品中毒应急处理

除了上述常见的实验室毒性化学品的急救方法，其他化学药品也都具有一定的毒性。一旦发生中毒事故，应按照如下通用方法来紧急处理：

① 误食

a. 溅入口中尚未咽下者，应立即吐出，用大量清水漱口冲洗口腔；如已吞下，应先用手指或筷子等压住舌根部催吐，然后根据毒物的性质给予合适的解毒剂；或者将5~10mL 5%稀硫酸铜溶液加入一杯温水中，内服后用手指伸入咽喉部，促使呕吐，吐出毒物后立即送医院。

b. 腐蚀性毒物中毒：对于强酸，先饮用大量清水，然后服用氢氧化铝膏、鸡蛋清；对于强碱，应先饮用大量清水，然后再服用稀的食醋、酸果汁、鸡蛋清。不论酸或碱中毒，都应再给予鲜牛奶灌注，不要服用呕吐剂。

c. 刺激性及神经性毒物中毒：先服用鲜牛奶或鸡蛋清使之立即冲淡和缓和，再用约30g硫酸镁溶于一杯水中口服催吐；也可用手指伸入咽喉部催吐，然后立即送医院救治。

② 吸入

a. 吸入气体中毒者，立即将患者转移到空气新鲜通畅的地方，解开衣扣，放松身体。

b. 吸入氯气、氯化氢，可立即吸入少量酒精和乙醚的混合蒸气以解毒。吸入少量氯气或溴蒸气者，可用碳酸氢钠溶液漱口。

c. 吸入硫化氢或一氧化碳而感到头晕不适时，应立即移到室外呼吸新鲜空气。

d. 呼吸能力减弱时，马上进行人工呼吸。硫化氢、氯气、溴中毒不可进行人工呼吸，一氧化碳中毒不可使用兴奋剂。

③ 解毒的一般原则。对于进入消化道的试剂首先要催吐，用手指或匙柄刺激舌根或喉部，吐出试剂，为延缓吸收速度，降低浓度，保护胃黏膜，以下物质均可使用：鲜牛奶、生鸡蛋清、水等。在没有上述东西时，用500mL蒸馏水加50g活性炭，用前再加入400mL蒸馏水并充分搅拌，使得

活性炭被充分湿润，分次少量吞服（此法对儿童不适用）。

8.2.6 化学泄漏的控制和处理

8.2.6.1 泄漏事故

通常小于 1L 的挥发物和可燃溶剂、腐蚀性液体、酸或碱，小于 100mL 的美国职业安全与健康标准管制的高毒性化学物质可认为是小泄漏事故。即便是处理这样的事故，也必须了解其危险性并佩戴合适的个人防护设备才可以实施控制和清理。

满足下面一个或多个条件，就可视为大泄漏：

① 人员发生需要医学观察的受伤情况；

② 起火或有起火的危险；

③ 超出涉及人员的清理能力；

④ 没有后备人员来支持清理；

⑤ 没有需要的专业防护设备；

⑥ 不知道泄漏的是什么物质；

⑦ 泄漏可能导致伤亡；

⑧ 泄漏物进入周围环境。

对于大泄漏事故必须报告公共安全部门或消防部门，交给受过专业培训和有专业装备的专业人士来处理。

8.2.6.2 化学品泄漏的一般处理程序

化学品泄漏事故的处理程序一般包括报警、紧急疏散、现场急救、泄漏处理和控制几方面。

(1) 报警

泄漏事故无论大小，只要发现化学品泄漏，都需要立刻向上级汇报。及时传递事故信息。对于大泄漏事故，则需首先向公安消防部门报告，拨打 119 电话报告事故单位，事故发生的时间、地点、化学品名称、泄漏量、泄漏的速度、事故性质、危险程度、有无人员伤亡以及报警人姓名及联系电话。

(2) 紧急疏散

根据化学品泄漏的扩散情况建立警戒区，迅速将警戒区内与事故应急处理无关的人员撤离,以减少不必要的人员伤亡。

(3) 现场急救

在任何紧急事件中,人命救助是最高优先原则。当化学品对人体造成中毒、窒息、冻伤、化学灼伤、烧伤等伤害时,要立刻进行应急处理,并及时送往医院。救护时,不论患者还是救援人员都需要进行适当的防护。

(4) 泄漏处理和控制

危险化学品的泄漏处理不当,容易发生中毒或转化为火灾爆炸事故。因此化学品发生泄漏时,一定要处理及时、得当,避免重大事故的发生。在进入泄漏现场进行处理时,应注意以下几项:

① 进入现场的人员必须配备必要的个人防护器具;

② 如果泄漏的化学品易燃易爆,应严禁携带火种,立刻扑灭任何明火及任何其他形式的热源和火源,以降低发生火灾爆炸的危险性;

③ 应急处理时严禁单独行动,必要时用水枪掩护;

④ 应从上风、上坡处接近现场,严禁盲目进入。

8.2.6.3 化学品泄漏围堵、吸附材料

(1) 吸附棉

处置化学品泄漏、油品泄漏的最常用的物品是吸附棉。吸附棉由熔喷聚丙烯制成,具有吸附量大、吸附快、可悬浮、化学惰性、安全环保、不助燃、可重复使用、无储存时限、成本低等特点。吸附棉可分为通用型吸附棉、吸油棉和吸液棉三种。产品形式通常有垫(片)条(索)、卷、枕、围栏等。

(2) 吸附剂

吸附剂是一类具有适宜的孔结构或表面结构,具有大的比表面积,对吸附质有强吸收能力,且不与吸附质、介质发生化学反应,具有良好机械强度、易制造、易再生的物质,常为颗粒、粉末或多孔固体。用于泄漏处理的吸附剂通常有四种,分别是活性炭、天然无机吸附剂(沙子、黏土、珍珠岩、二氧化硅、活性氧化铝等)、天然有机吸附剂(木纤维、稻草、玉米秆等)及合成吸附剂(聚氨酯、聚丙烯、聚苯乙烯和聚甲基丙烯酸甲酯等)。

8.2.6.4 实验室化学品泄漏处理方法

（1）通用的处理方法

实验室存储的化学品量一般较少，由于意外出现化学品泄漏，情况不严重时，可以参照以下方法处理：

① 应立即向同在实验室的所有人员发出警报；

② 根据泄漏物质的危险特性佩戴好相应的防护工具；

③ 用适用于该化学品的吸附条或吸附围栏围堵泄漏液体的扩散流动，以防泄漏品物质污染面积进一步扩大；或抛洒吸附剂（没有专业吸附剂，可用消防沙），并用扫帚等工具翻动搅拌至不再扩散；

④ 取出吸附垫，放置到被围的化学品液体表面上，依靠吸附垫的超强吸附力对化学品进行快速吸收，以减少化学品的挥发和暴露产生的燃爆危险和毒性；

⑤ 取出擦拭纸，将吸附垫、吸附条粗吸收处理后残留物进行最后完全吸收处理；

⑥ 取出防化垃圾袋，将所有用过的吸附片、吸附条、黏稠的液体或固体及其他杂质，一起清理到垃圾袋里，扎好袋口，贴上有害废物标签（标签中必须注明有害废物的名称，产生区域和产生日期），放到泄漏应急处理桶，交由专业的废物处理机构来处理。泄漏应急处理桶可在完全清理后再投入使用。情况严重时，则应向室内人员示警，关闭实验室电闸、实验室门，迅速撤离，报警。危险加重时，需疏散附近人员。若遇可燃气体泄漏，应迅速关闭阀门，打开窗户，迅速撤离，关闭实验室门。严禁开关、操作各种电气设备。

（2）汞的泄漏处理

金属汞散失到地面上时，可用硬纸将汞珠赶入纸簸箕内，再收集到玻璃容器中，加水液封，也可用滴管吸起汞珠收集到水液封的玻璃容器中。另一种方法是使用润湿的棉棒，可以将散落的小汞滴收集成大汞珠，再收集到水液封的玻璃容器中。更小的汞滴可用胶带纸粘起，放入密封袋或容器中。收集不起来的和落入缝隙的小汞滴，可撒硫黄粉覆盖，用刮刀反复推磨使之反应生成 HgS，再将 HgS 收集放入密封袋中；也可撒锌粉或锡粉生成稳定的金属汞。受污染的房间应将窗户和大门打开通风至少一天。需要注意的是，在清除汞时必须戴上手套,使用过的手套同样放在密封袋中。放入污染物的容器和密封袋必须贴上"废汞"或"废汞污染物"的标签。

8.2.7 生物安全事故的应急措施

每个进行感染性微生物工作的实验室都应当制定针对所操作微生物和动物危害的安全防护措施。实验室负责人应确保实验室有可供用于急救和紧急程序的设备。

8.2.7.1 实验室感染控制

实验室主管部门应当指定专门的机构或者人员承担实验室感染检查工作,定期检查实验室的生物安全防护、病原微生物菌(毒)种和样本保存与使用、安全操作、实验室排放的废水和废气,以及其他废物处置等规章制度的落实情况。负责实验室感染控制工作的机构或人员应当具有与该实验室中的病原微生物相关的传染病防治知识,并定期检查、了解实验室工作人员的健康状况。

实验室工作人员出现与本实验室进行的致病性病原微生物相关实验活动有关的感染临床症状或者体征时,实验室负责人应当向负责实验室感染控制工作的机构或人员报告,同时派专人陪同及时就诊;实验室工作人员应当将近期所接触的病原微生物的种类和危害程度如实告知诊治医疗机构。接诊的医疗机构有救治条件的应当及时救治,不得拒绝治疗;不具备救治条件时,应当按照规定及时转诊到具备相应救治条件的医院进行医治。

实验室发生致病性微生物泄漏时,实验室工作人员应当立即采取控制措施,防止病原微生物扩散,同时向负责实验室感染控制工作的机构或人员报告。负责实验室感染控制工作的机构或人员接到上述报告后,应当立即启动实验室感染应急处置预案;开展流行病学调查;对病人进行隔离治疗,对相关人员进行医学检查;组织进行现场消毒;对染疫或疑似染疫的动物采取隔离、扑杀等措施;采取其他预防和控制措施,并组织人员对该实验室生物安全状况等情况进行调查和处理。发生病原微生物扩散,有可能造成传染病暴发、流行时,应当依法进行逐级上报。

8.2.7.2 微生物实验室应急程序

(1) 刺伤、切割伤或擦伤

受伤人员应当脱下防护服,清洗双手和受伤部位,使用适当的皮肤消毒剂,必要时进行医学处理。记录受伤原因和相关微生物,并应保留完整的医疗记录。

(2) 潜在感染性物质的食入

受害人员应当脱下防护服并进行医学处理。要报告食入物质的特性和事故发生的细节,并保留完整的医疗记录。

(3) 潜在危害性气溶胶的释放

所有人员必须立即撤离相关区域,任何暴露人员都需要接受医学调查,并且立即通知实验室负责人和生物安全责任人。封禁事故区域,严禁人员进入。等较大的气溶胶颗粒发生沉降且被排出后,在生物安全责任人的指导下穿戴上相应的防护服和呼吸防护装备,清除污染。

(4) 容器破损及感染性物质的逸出

应当立即用布或纸巾覆盖感染性物品,然后在上面倒上消毒剂。作用一定时间后,将其清理,玻璃碎片用镊子清理。然后再用消毒剂对污染区域再次去污。操作过程中都必须戴手套,清理的所有废物都应作为感染性废物进行收集后集中处置。

参考文献

[1] 于子钧. 高校危化品泄漏事故应急处置一般流程探讨[J]. 天津化工, 2018, 32(05): 61-62.

[2] 柴洪艳, 陈亮. 微生物实验室生物安全管理探讨[J]. 中国城乡企业卫生, 2020, 35(02): 64-66.

[3] 赵俊杰, 李阳, 于晓慧, 等. 动物生物安全实验室紧急事件处置与防范策略研究[J]. 中国猪业, 2018, 13(11): 43-46.

[4] 路建美, 黄志斌. 高等学校实验室环境健康与安全[M]. 南京: 南京大学出版社, 2013.

[5] 李勇. 实验室生物安全[M]. 北京: 军事医学科学出版社, 2009.

[6] 宋小飞, 伍银爱, 吕鹏飞, 等. 突发事件应急预案在高等院校实验室管理中的应用[J]. 实验技术与管理, 2015, 32(04): 251-255.

[7] 郑媛, 兰泉, 冯红艳, 等. 实验室个人安全防护——化学防护手套的选用及解析[J]. 大学化

学，2021，36(02)：177-184.
[8] GB 50016—2013. 火灾自动报警系统设计规范[S].
[9] 徐建红. 心肺复苏急救技术培训[M]. 杭州：浙江大学出版社，2019.
[10] American Heart Association. 2020 American Heart Association Guidelines for Cardiopulmonary Resuscitation and Emergency Cardiovascular Care [EB/OL]. (2020-10-21)[2023-03-28]. https://www.ahajournals.org/toc/circ/142/16_suppl_2?utm_campaign=sciencenews20-21&utm_source=science-news&utm_medium=phd-link&utm_content=phd10-21-20.
[11] 宫晶. 眼耳鼻冻伤治疗与康复24例临床观察[J]. 中国实用医药，2011，6(35)：124-125.
[12] 孔进，殷永祥，康仲元，等. 化学灼伤的诊疗探讨[J]. 中华劳动卫生职业病杂志，2000，(06)：24-26.
[13] 吕双庆. 实验室常见事故预防与应急处理[J]. 石油化工安全环保技术，2016，32(01)：32-34+53+6.
[14] 陈雄. 实验室常见安全事故及应急处理办法[J]. 现代职业安全，2019(S1)：64-68.

附录 1

福州大学实验室安全管理办法

福州大学实验室安全管理办法见附表 1-1。

附表 1-1　福州大学实验室安全管理办法

类别	序号	办法细则
总则	第一条	为健全学校实验室安全工作机制,提高学校实验室安全管理水平,规范教学、科研等活动秩序,保障校园安全、师生生命和学校财产安全,根据《中华人民共和国安全生产法》等国家法律法规及教育部《高等学校实验室安全规范》等相关制度,结合学校实际,制定本办法。
	第二条	本办法中的实验室是指学校范围内开展教学、科研工作的各类实验场所,包括教学实验室、科研实验室及其他各类实验室等。
	第三条	实验室安全工作的主要任务是防范化解实验室安全风险,遏制实验室安全事故发生。实验室安全工作内容主要包括实验室安全管理责任体系建设、制度建设、实验室安全检查与隐患整改、实验室专业安全管理、实验安全条件保障、实验室应急预案与事故处理等。
	第四条	实验室安全管理按照"党政同责、一岗双责、齐抓共管、失职追责"和"管行业必须管安全、管业务必须管安全"的要求,坚持"谁使用、谁负责,谁主管、谁负责"的原则,贯彻"以人为本、安全第一、预防为主、综合治理"的方针,推进实验室安全工作,实行规范化、常态化管理。
实验室安全责任体系	第五条	学校实行实验室安全工作分级管理制度,在学校统一领导下,构建由学校、学院(二级单位)、实验室组成的三级联动的实验室安全管理责任体系,通过逐级分层落实负责制,加强各职能部处、学院(二级单位)的协同管理,对各实验室实行安全责任全覆盖。
	第六条	学校的党政主要负责人是学校实验室安全工作第一责任人,分管校领导协助第一责任人负责全校实验室安全工作,是实验室安全工作的重要领导责任人,其他校领导在分管工作范围内对实验室安全工作负有支持、监督和指导职责。

续表

类别	序号	办法细则
实验室安全责任体系	第七条	学校成立实验室安全工作领导小组（以下简称安全领导小组），由书记、校长担任组长，由分管实验室工作与分管安全工作的副校长担任副组长，成员单位有：实验室建设与设备管理处、党政办公室、保卫部、科技处、教务处、研究生院、教师工作部、学生工作部（处）、基建管理处、后勤管理处、校医院及各学院、各有关单位。安全领导小组全面领导、组织协调、督查学校实验室安全工作，办公室设在实验室建设与设备管理处。
	第八条	实验室建设与设备管理处是学校实验室安全工作的主要职能部门，在安全领导小组的指导下，负责实验室安全管理的日常工作，主要职责包括： 1. 传达、贯彻上级部门相关政策法规，制定年度安全工作计划。 2. 制定、完善学校实验室安全规章制度。 3. 建立健全实验室安全责任制，并与各相关二级单位签订实验室安全责任书。 4. 指导、监督、协调各相关单位做好实验室安全工作。 5. 监管全校实验室专业安全管理工作。 6. 组织开展实验室安全检查，通报隐患并督促整改。 7. 组织开展学校层面的安全教育、业务培训和应急演练，建立相应的安全管理档案。 8. 协助组织、指挥和协调实验室安全应急救援工作，会同相关部门进行实验室安全事故的调查和处理。 9. 承办学校交办的实验室安全工作其他事项。
	第九条	相关职能部门在负责业务工作范围内配合落实实验室安全相关工作，主要职责分别是： 1. 党政办公室配合实验室建设与设备管理处协调实验室重大安全事故的应急处置工作。 2. 保卫部对实验室消防安全工作有领导、监督和指导责任；指导督促实验室消防设备（不含特种消防设备）的更换、维护、保养和检测；组织开展学校实验室消防安全检查，监督隐患整改。 3. 科技处负责组织、督促二级单位建立科研项目安全风险评估制度，协助相关部门进行实验室安全事故的调查和处理。 4. 教务处负责协同实验室建设与设备管理处监管本科教学实验室的安全工作；协助指导各二级单位结合学科特点开展实验室安全教育；推动实验安全教育进教学大纲，完善实验室安全课程建设；协助建立实验教学项目、本科生参与的创新科研项目及毕业设计开题等的安全风险评估和审核制度，并组织、督促二级单位实施。 5. 研究生院负责协助指导、组织、督促各二级单位结合学科特点开展研究生实验室安全教育；协助建立科研项目及毕业设计等的安全风险评估和审核制度。 6. 教师工作部负责在各级各类教职工培训中，协助组织开展实验室安全相关培训。 7. 学生工作部（处）负责协助做好学生实验室安全教育，将实验室安全纳入到新生入学教育中，教育学生遵守国家及学校实验室安全方面的规章制度，增强学生自我保护意识；负责做好因违反实验室安全管理规定而构成违纪的学生的处理工作。 8. 基建管理处负责根据新建项目中实验室安全设施配备的相关需求，严格按照国家有关安全和环保的规范要求，在实验室使用者、设计者、建设者充分沟通的基础上，组织和实施设计、建设、验收、移交。 9. 后勤管理处负责实验室装修、改造、修缮项目的审批与管理，确保相关工作充分考虑安全因素；负责保障实验大楼的总体水电供应和公用水电设施的运行。 10. 校医院协调做好实验室安全事故中受伤人员的快速处置和抢救工作，配合相关部门开展实验室安全应急演练和应急救援培训。

续表

类别	序号	办法细则
实验室安全责任体系	第十条	各学院(二级单位)对实验室安全负主体责任,党政负责人是本单位实验室安全的第一责任人,分管实验室安全的副院长(副所长、副主任)是各单位的重要责任人。各学院(二级单位)应成立本单位的实验室安全工作领导小组,并指定一名正式教职工为专(兼)职实验室安全管理员(简称安全员)协助分管领导做好本单位实验室安全的具体工作。各学院(二级单位)的主要职责是: 1. 贯彻落实安全工作相关法律法规和学校规章制度要求,组织、协调、督促做好本单位实验室安全工作。 2. 建立、健全本单位的实验室安全责任体系、规章制度、工作计划和应急预案。 3. 与所属各实验室负责人签订安全责任书。 4. 定期开展实验室安全隐患检查,对隐患整改实行闭环管理。 5. 结合自身实际情况和学科专业特点,有针对性地建立 实验室安全教育培训和准入制度并组织实施。 6. 建立应急预案,定期进行培训和实施演练。 7. 组织实施本单位科研项目和实验教学项目的安全风险评估。 8. 及时发布、报送实验室安全环保工作相关通知、信息、工作进展等。 9. 组织和监督本单位各实验室根据自身的安全职责和安全活动,建立相应的安全管理档案,并适时更新。
	第十一条	实验室负责人是本实验室安全工作的直接责任人,应严格落实实验室安全准入、隐患整改、个人防护等日常安全管理工作,切实保障实验室安全。实验室负责人的安全职责包括: 1. 制订和完善实验室内部管理规章制度(包括安全操作规程、安全风险评估、应急预案、实验室准入、值班制度等)。 2. 与所属实验室房间责任人及相关实验人员签订安全责任书或承诺书,将实验室安全责任逐级落实到位,落实到人。 3. 做好本实验室科研项目和实验教学项目等的安全风险评估,保证本实验室必要安全设备设施及系统的建设,配备合适的个人防护用品。 4. 建立本实验室内的危险物品管理台帐,按照相关规定做好危险化学品、特种设备、病原微生物、射线装置的采购、保存、使用和废弃物处置工作。 5. 做好与本实验室相匹配的安全教育培训和实施实验室人员准入,未经安全教育培训不得进入实验室开展实验工作,建立相应的安全管理档案,并适时更新。 6. 开展本实验室安全自查,并积极配合学校及所在单位的安全检查,及时消除各类安全隐患。
实验室安全管理制度	第十二条	实行常态化的实验室安全检查与隐患整改制度。 1. 实验室建设与设备管理处定期或不定期组织实验室安全检查,发布整改通知并督促相关单位落实整改。 2. 成立校级实验室安全督导组及安全专家组,对学校实验室开展实验室安全的督查、指导、宣传、教育工作。 3. 各学院(二级单位)应当建立实验室安全定期检查与安全巡查制度,学院(二级单位)层面检查每月不少于一次。全面掌握本单位的实验室安全风险点,组织实施实验室安全隐患排查并组织落实整改,确保整改责任、资金、措施、时限和预案"五落实"。 4. 各实验室应积极配合检查,及时排除和整改安全隐患。落实日常安全与卫生检查制度,做到每日一查。所有实验室安全检查应实行问题排查、登记、报告、整改、复查的"闭环管理"。

续表

类别	序号	办法细则
实验室安全管理制度	第十三条	实行实验室安全分级分类及项目风险评估与管控制度。 1. 建立学校、学院(二级单位)实验室安全分类分级管理制度,加强危险源信息化管理,建立危险源安全风险分布档案和数据库,并制定危险源分级管理方案。 2. 实行项目风险评估与管控制度,凡涉及重要危险源,即有毒有害化学品(剧毒、易制爆、易制毒、爆炸品等)、危险气体(易燃、易爆、有毒、窒息)、动物及病原微生物、辐射源及射线装置、同位素及核材料、危险性机械加工装置、强电强磁与激光设备、特种设备等的教学、科研项目,须经风险评估后方可开展实验活动。 3. 开展涉及重要危险源的教学、科研活动(包括学生实验课程、毕业设计、教师科研项目、自主立项研究、科学竞赛实验课程等),项目负责人是项目安全的第一责任人,须对项目进行危险源辨识和风险评估,并制定防范措施及现场处置方案。对存在重大安全隐患的项目,在未切实落实安全保障前,不得开展实验活动。
实验室安全管理制度	第十四条	实行实验室安全教育与准入制度。 1. 按照"全员、全面、全程"的要求,开展多种形式的安全教育与宣传活动,建设有特色的安全文化。 2. 学生进入实验室必须按规定完成实验室安全教育培训及实验室安全考试,考试合格后方可进入实验室。对于具有较高实验室安全要求的实验室,相应学院(二级单位)应根据学科专业特点组织开展实验室安全培训和考试,经考核通过者方可允许进入实验室工作。 3. 涉及重要危险源的学院(二级单位)应设置有学分的实验室安全课程或将安全准入教育培训纳入培养环节。 4. 每学期的第一次实验课学生进入实验室前,必须进行安全教育。学生做实验时,须有教师或实验室技术人员在场指导。 5. 学生的研究选题,应包含针对开展实验研究所涉及安全风险的分析、防控和应急处置措施等内容,经学院(二级单位)及项目负责人审查通过后方可执行,并在实验前进行必要的安全教育。 6. 进入实验室学习或工作的所有人员均应遵守实验室安全准入制度和安全管理制度,严格按照实验操作规程或实验指导书开展实验。 7. 学院(二级单位)或实验室应与进入实验室的相关方或外来人员签定安全协议,明确双方的安全职责。
实验室专业安全管理及其他	第十五条	实验室专业安全管理主要包括实验室危险化学品、生物安全、辐射安全、特种设备、实验危险废弃物等管理。学校依托现代化技术手段加强信息化建设,建立并完善危险源全周期管理制度。各学院(二级单位)应遵照国家相关法律法规及学校规定,对实验室重要危险源进行采购、运输、储存、使用和处置等全流程全周期管理,建立危险源安全风险分布档案、使用台账和相应数据库。
实验室专业安全管理及其他	第十六条	实验室危险化学品是指具有毒害、腐蚀、爆炸、燃烧、助燃等性质,对人体、设施、环境具有危害的剧毒化学品和其他化学品,包括根据国家各有关部门最新文件界定的剧毒化学品、爆炸品、易制毒化学品、易制爆化学品、精神麻醉药品等管制类化学品和一般危险化学品。实验室危险化学品管理应遵循以下要求: 1. 各实验室确因需要而使用剧毒化学品、易制毒化学品、易制爆化学品、爆炸品等危险化学品以及放射性物品时,要严格按照相关规定报学校职能部门及公安部门等政府相关部门审批并凭证向具有经营许可资质的单位购买,不得私自从外单位获取。

续表

类别	序号	办法细则
实验室专业安全管理及其他	第十六条	2. 严格执行《危险化学品安全管理条例》(国务院令第591号)、上级部门及学校有关规定,建立严格的危险化学品管理制度,建立动态管理台账,做到账物相符。 3. 管制化学品的安全管理须符合治安管理要求,严格执行各项规定。剧毒化学品执行"五双"管理(即双人验收、双人保管、双人发货、双把锁、双本账),单独存放,不得与易燃、易爆、腐蚀性物品等一起存放,有专人管理并做好贮存、领取、发放情况登记,登记资料至少保存1年,防盗等技防措施符合管制要求;易制毒化学品应设置专用存储区或者专柜储存并有防盗措施,实行双人双锁管理,账册保存期限不少于2年;麻醉药品和第一类精神药品应当有专用账册,设立专用存储区或者专柜储存,专用存储区与专柜的防盗等技防措施符合管制要求,实行双人双锁管理;易制爆化学品存量合规,设立专用存储区或者专柜储存并有防盗与防爆措施,符合双人双锁管理要求;爆炸品单独隔离、限量存储,使用、销毁按照公安部门要求执行。 4. 剧毒化学品、易制毒化学品、易制爆化学品、爆炸品等危险化学品,应按需申领,实验剩余当日清退,严禁存放、带离实验室,严禁私自销毁、丢弃或借予他人。具体按照《福州大学危险化学品安全管理办法》执行。
	第十七条	实验室生物安全主要涉及病原微生物安全、实验动物安全、转基因生物安全等方面。实验室生物安全管理应遵循以下要求: 1. 严格执行《病原微生物实验室生物安全管理条例》(国务院令第424号)、《病原微生物实验室生物安全环境管理办法》(国家环境保护总局令第32号)、《中华人民共和国生物安全法》等法律法规要求,规范生化类试剂和用品的采购、实验操作、废弃物处理等工作程序,加强生物类实验室安全的管理。 2. 各学院(二级单位)要加强生物安全实验室的建设、管理和备案工作,实验室在取得生物安全实验室等级资质后应及时主动向实验室建设与设备管理处报备,禁止在未获得相关资质的场所中开展病原微生物或实验动物的实验研究。
	第十八条	辐射安全主要包括放射性同位素(密封放射源和非密封放射性物质)和射线装置的安全。实验室辐射安全管理应遵循以下要求: 1. 各涉及辐射单位要按照国家法律法规以及学校的相关规定,取得辐射安全许可证后方可开展相关活动。 2. 各涉及辐射单位需加强辐射工作场所安全及警示设施的建设,加强放射性同位素和射线装置的购买、运输、存贮、使用、备案等管理,规范放射性废物(源)的处置。 3. 涉及辐射工作人员需持证上岗并定期参加辐射安全与防护知识培训(每4年复训1次),定期参加职业健康检查(每2年1次),接受个人剂量监测(每季度更换1次个人剂量计)。具体按照《福州大学辐射安全与环境保护管理办法》执行。
	第十九条	实验室特种设备主要包括锅炉、压力容器(含气体钢瓶)、压力管道等承压类特种设备和起重机械、场(厂)内专用机动车辆等。要做好特种设备的全生命周期管理、规范使用,保持设备的完好状态。要及时办理特种设备登记备案,通过有资质单位检定,证书在有效期内,并有定期检验维护记录。操作人员需持证上岗。具体按照《福州大学实验室特种设备安全管理办法》执行。

续表

类别	序号	办法细则
实验室专业安全管理及其他	第二十条	学院(二级单位)应做好实验室危险废弃物处置管理。实验室应设置实验废弃物暂存区,实验废弃物不得未经处理任意排放、丢弃,要严格按照学校和环保部门的要求分类收集、妥善贮存并做好废弃物相关的台账。化学废弃物应遵循兼容相存的原则,盛装化学废弃物的容器要密闭可靠,不破碎泄漏。妥善处理实验动植物的尸体、器官和组织,对实验样品应集中冷冻存放,严禁随意丢弃。经有害生物、化学毒品及放射性污染的实验动物尸体、器官和组织等,单独封装并进行标注,不得混杂在其它实验动物废弃物中处理。应定期对实验废弃物进行清点、包装并形成清单,按学校有关规定及时将废弃物送往暂存柜。剧毒化学品废弃物、实验动物尸体和放射性物品的废弃物不得放入暂存柜中,各实验室妥善保存,实验室建设与设备管理处委托有资质的专业公司进行清运处置。具体按照《福州大学实验室危险废弃物管理办法》执行。
	第二十一条	实验室水电安全管理应遵循以下要求:实验室内固定电源的安装、拆除、改线必须由专业人员实施,水、电安装应符合规范。不得擅自改装、拆修电器设施,接线板不得串联使用,不得用接线板给大功率用电仪器供电。实验室内不得有裸露的电线头,不得乱接乱拉电线。电源开关箱周围不得堆放杂物,以免触电或燃烧。化学类实验室不得使用明火电炉,因教学、科研需要必须使用电炉设备的,要经实验室建设与设备管理处批准,并做好相应的安全防护措施。实验室要杜绝自来水龙头打开而无人监管的现象,要定期检查上下水管路、化学冷却冷凝系统的橡胶管等,避免发生因管路老化、堵塞等情况造成的安全事故。
	第二十二条	实验室仪器设备管理应遵循以下要求:要根据仪器设备的性能要求做好防火、防潮、防热、防冻、防尘、防震、防磁、防腐蚀、防辐射等技术措施。加强仪器设备操作人员的业务与安全培训,制定和严格执行仪器设备特别是高精仪器设备、高速运转设备、高温高压设备、超低温及其他特种实验设备(锅炉、压力容器、起重机械、叉车等)的操作规程,落实相应的防护措施。对有故障的仪器设备要及时检修,仪器设备的维护保养和检修等要有记录。对精密仪器、大功率仪器设备、使用强电的仪器设备要定期检查线路,采取必要的安全防范措施。对服役时间较长以及具有潜在安全隐患的仪器设备应及时报废,消除隐患。
	第二十三条	实验室内务安全管理应遵循以下要求: 1. 建立卫生值日制度,保持清洁整齐。合理布局仪器设备,合理放置实验材料、实验剩余物和废弃物,及时清除室内外垃圾,不得在实验室堆放杂物,保持消防通道畅通。 2. 各学院(二级单位)须安排专人负责实验室钥匙的配发和管理,不得私自配置钥匙或借给他人使用;使用电子门禁的实验大楼和实验室,须对各类人员设置相应的权限,对门禁卡丢失、人员调动或离校等情况应及时采取措施,办理报失或移交等手续。各学院(二级单位)或实验大楼须保留一套所有实验室房间的备用钥匙/门禁通卡,做好防护,以备紧急之需。 3. 严禁在实验室区域吸烟、烹饪、用膳,严禁在实验冰箱内存放食材;严禁与工作无关的人员进入实验室,严禁在实验室内留宿和进行娱乐活动等。 4. 牢固树立"安全第一"的责任意识,严格遵守落实实验室规章制度,依章守规地开展实验活动,杜绝违规操作,自觉遵守实验室安全纪律。严禁实验过程中不按要求穿戴个人防护装备;严禁穿拖鞋或衣冠不整进入实验室;严禁危险实验不征得导师批准或私自在他人实验室操作;严禁违反实验规程野蛮操作;严禁实验过程中脱岗;在实验结束或离开实验室时,必须按规定采取结束或暂离实验的措施,检查仪器设备、水、电、气和门窗关闭等情况,并做好记录。

续表

类别	序号	办法细则
实验室安全条件保障	第二十四条	实验室安全经费及人员保障。学校每年做好实验室安全常规经费预算,各学院(二级单位)通过多元化经费投入,加强实验室安全建设与管理。学校和各学院(二级单位)根据实验室安全工作的实际情况和需求配备专(兼)职实验室安全管理人员,安全风险较大的单位须配备专职安全管理人员。设立实验室安全督查队伍,推进专业安全队伍建设,保障队伍稳定和可持续发展。
	第二十五条	实验室安全设施保障。各实验室须在门口张贴安全信息牌,内容包含实验室名称、责任人、有效联系电话、涉及安全风险点、防护措施、灭火要点等信息,便于督查、应急联系和救援。各实验室须根据潜在危险因素配置消防器材、烟雾报警、监控系统、应急喷淋、洗眼装置、危险气体报警、通风系统、防护罩、警戒隔离等安全设施,配备必要的防护用品,并加强实验室安全设施的管理工作,切实做好及时更新、维护保养和检修工作,做好相关记录,确保其完好性。消防器材要放在明显和便于取用的位置,周围不得堆放杂物。各种安全设施不准借用或挪用。
实验室安全应急预案与事故处理	第二十六条	实验室安全应急工作包括应急预案的制定、演练、指挥协调、遇险处理、事故救援等。学校、各学院(二级单位)及各实验室应建立应急预案和应急演练制度,定期进行培训和实施演练。各学院(二级单位)应根据学科与专业特点制定实验室应急预案,并及时报备、修订完善。
	第二十七条	实验室发生安全事故时,应立即启动应急预案,采取积极有效的应急措施,防止危害扩大蔓延,同时保护好现场并及时上报情况。对事故瞒报、不报、迟报、谎报和漏报的单位和个人,将追究相关人员责任。对玩忽职守、违章操作、忽视安全而造成严重安全事故的,追究肇事者、主管人员和主管领导相应责任;情节严重者,要给予纪律处分,触犯法律的交由司法机关依法处理。
附言	第二十八条	各单位应根据本办法,结合实际情况制定相应管理规定或实施细则。本办法未尽事项,按国家有关法律法规执行。
	第二十九条	科技园区与异地校区参照本办法执行。
	第三十条	本办法由实验室建设与设备管理处负责解释。
	第三十一条	本办法自印发之日起实施,原《福州大学实验室安全管理暂行办法》(福大资〔2017〕1号)同步废止。

注:福大设〔2023〕1号。

附录 2

福州大学实验室安全考试系统

附图 2-1 为福州大学实验室安全考试系统（网址：http://sysaq.fzu.edu.cn/），该系统提供四种学习方式，分别为文章类、题库类、实验室安全手册以及常用安全标识。附图 2-2 为在线考试界面，附图 2-3 为答题界面，考试时长为 90 分钟。

附图 2-1　福州大学实验室安全考试系统

附图 2-2　在线考试界面

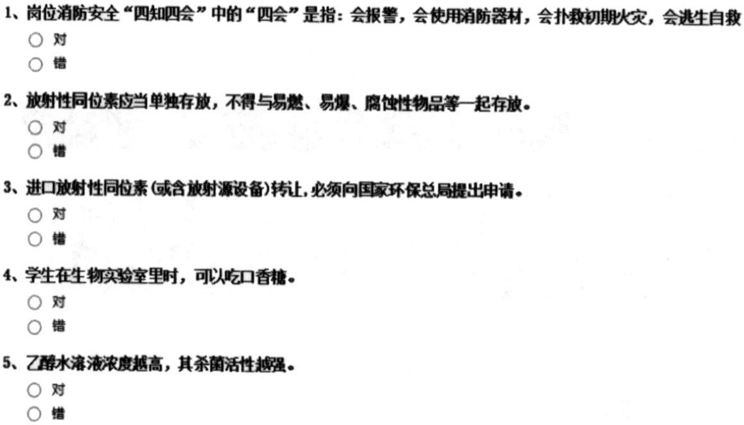

1、岗位消防安全"四知四会"中的"四会"是指：会报警，会使用消防器材，会扑救初期火灾，会逃生自救
　　○ 对
　　○ 错
2、放射性同位素应当单独存放，不得与易燃、易爆、腐蚀性物品等一起存放。
　　○ 对
　　○ 错
3、进口放射性同位素(或含放射源设备)转让，必须向国家环保总局提出申请。
　　○ 对
　　○ 错
4、学生在生物实验室里时，可以吃口香糖。
　　○ 对
　　○ 错
5、乙醇水溶液浓度越高，其杀菌活性越强。
　　○ 对
　　○ 错

附图 2-3　答题界面

附录 3

实验室建设与设备管理处

福州大学实验室建设与设备管理处（网址为 https：//sbc.fzu.edu.cn/）设有综合科、实验室管理科、设备采购科、维修中心，主要职责是贯彻落实国家有关高校实验室安全和设备管理的法律法规、方针政策及相关要求，制定学校实验室安全与设备管理相关规章制度；做好实验室环境保护、安全防范的监督检查工作，加强实验室特种设备、危险（剧毒）品使用安全的监督管理，督促做好实验室安全准入及实验室危险废物管理，负责实验室废物的转运处置工作；负责全校仪器设备的申购论证、采购、验收、建账、清查、维修、调剂、转让、报废、销账的全程管理；组织办理全校进口仪器设备进口手续，完成进口仪器设备的商检备案、索赔等工作，配合海关做好进口仪器设备的监督管理；负责建立校级仪器设备、低值易耗品分类账、明细账，办理与计财处的对账手续，完成学校教学、科研固定资产报表的编制和汇总。各部门的主要管理职责见附表 3-1。

附表 3-1　实验室建设与设备管理处各部门主要职责

责任主体	管理职责
综合科	按上级文件及学校通知文件要求及时对接相关部门，发挥联系传达、组织协调作用，促进部门间的沟通配合，落实相关工作；做好职工评聘考核与人员信息管理、经费预算与办公经费管理、办公设备家具用品管理等人财物管理工作；做好公文处理、档案管理、处公章和设备合同专用章的使用与管理等行政管理工作；严把文件起草关、审核关，撰写计划、总结、工作汇报、函件、报告、纪要、年鉴等各类办公室文件；按领导部署，协助做好风险防控、制度建设、内控管理、廉政自查、提案回复等相关工作；协助做好本处网站建设和信息化建设工作，协助职能科室开展电子化办公；协助做好处信息安全及保密工作。

续表

责任主体	管理职责
实验室管理科	建立健全学校实验室安全管理相关规章制度；做好实验室环境保护、安全防范的监督检查工作，加强实验室特种设备、危险（剧毒）品使用安全的监督管理，督促做好实验室安全准入及实验室危险废物管理，负责实验室废物的转运处置工作；负责贵重仪器设备购置的可行性论证、审批和设备验收等工作；督促做好各级共享协作平台贵重仪器设备入网工作；负责福建省高校实验室信息统计数据报送培训及上报审核工作，做好我校实验室基本情况及仪器设备等有关数据汇总和上报工作。
设备采购科	建立健全学校设备采购管理相关规章制度；负责全校教学、科研设备及行政设备的审批及采购工作；负责全校材料、低值易耗品等物资采购管理及物资采购平台的建设与管理；组织办理全校进口仪器设备进口手续，完成进口仪器设备的商检备案、索赔等工作，配合海关做好进口仪器设备的监督管理；负责建立校级仪器设备、低值易耗品分类账、明细账，办理与计财处的对账手续，完成学校教学、科研固定资产报表的编制和汇总。
维修中心	建立健全学校设备维修与报废管理相关规章制度；负责常规仪器设备的安装、调试、维修检测工作；对大型设备的维修进行维修论证、价格咨询、合同谈判、维修跟踪、修后验收，保证大型仪器的完好率；负责仪器设备的报废审核、调剂、回收、汇总、报表、拍卖等工作。

附录 4
福州大学福建省高校测试中心

福州大学福建省高校测试中心（网址：https://iamc.fzu.edu.cn/）地处福州大学国家大学科技园阳光科技大厦。测试中心可面向化学、化工、材料、生物、物理、机械、土木、环境、医药以及农业等多学科，进行材料微结构分析、有机和无机化合物的定性和定量分析、材料性能测定、计量检定、环境质量检测、食品检测和药物分析等工作，具备多方面综合分析测试能力。测试仪器分析室分为材料微区分析室、无机分析室、化学分析室和常规化仪器开放共享平台，主要仪器设备见附表 4-1。预约流程为：委托方网络预约并填写预约申请单，经导师和仪器负责人审批后，将需测试的样品送至测试中心。检测分析工作一般不超过 5 个工作日，工作内容包括检测前处理、检测分析、数据处理、上传数据和费用核定。最后，委托人确认费用并缴费，经办公室确认缴费后可下载检测数据。若学生自行操作仪器进行样品检测，需遵守《福州大学实验室安全管理办法》。

附表 4-1 福州大学福建省高校测试中心主要仪器设备

分析室名称	主要仪器设备
材料微区分析室	双束场发射扫描电子显微镜、超高分辨率场发射扫描电子显微镜、电液伺服疲劳试验机、场发射扫描电子显微镜(FESEM)、钨灯丝扫描电子显微镜(SEM)、场发射透射电子显微镜(HRTEM)、原子力显微镜(AFM)和万能材料试验机。
无机分析室	全数字化核磁共振波谱仪 600M(液)、微波消解仪 MARS6、电感耦合等离子体质谱仪(ICP-MS)、离子色谱仪(IC)、微波消解仪 SPD80、电感耦合等离子体发射光谱仪(ICP-OES)、原子荧光形态分析仪(AFS)、X 射线光电子能谱仪(XPS)、X 射线粉末衍射仪(XRD)和核磁共振波谱仪(NMR)。

续表

分析室名称	主要仪器设备
化学分析室	全二维气相色谱-高分辨飞行时间质谱联用仪、芯片液相色谱四级杆－飞行时间串联质谱联用仪（QTOF）、液相色谱－质谱联用仪（LC-MS）、三重四极杆质谱联用仪（3Q）、元素分析仪（EA）、电化学综合测试仪、红外光谱仪（IR）Nicolet is50、紫外可见近红外分光光度计（UV-Vis）Agilent Cary 7000、激光显微拉曼光谱仪（Raman）和荧光分光光度计（FS）。
常规化仪器开放共享平台	差示扫描量热仪、同步热分析仪、多站扩展式全自动快速比表面积与孔隙度分析系统、凝胶色谱仪（GPC）、离子减薄仪（PIP）、高效液相色谱仪（HPLC）、三离子束切割仪、精研一体机、高性能多通道全自动比表面积及孔隙度分析仪和电位与纳米粒度仪。

附录 5
福州大学机电工程实践中心

福州大学机电工程实践中心（网址：https://jdzx.fzu.edu.cn/）作为福州大学承担工程实践教学任务的公共服务机构（校直属单位，正处级建制），拥有以智能云教室、五轴立式加工中心、车削中心、立铣加工中心、立式加工中心、集成管理与自动化仓储系统、数控板料折弯成型系统、智能上下料机械手、装配机器人、超声波滚压机、数控铣床、数控机床、数控雕铣机、PCB快速电路制作系统、细微加工成型系统、激光内雕机、数控镜面电火花成型机、透明六轴工业机器人综合实训工作站、六轴工业机器人视觉检测综合实训工作站、普通工业机器人基础实训工作台等为代表的一批现代化先进设备。

中心重视以"智能＋"为工程实践教育升级赋能，以"智能＋"元素为切入点，以"补短板，强弱项"为原则，以"打造优质平台，支撑转型升级"为目标，围绕"新工科"建设需求，规划建设"智能＋物流""智能＋建筑""智能＋制造""智能＋电气""智能＋机器人"等公共实践平台。近年来，已相继新建（升级）柔性制造生产线、工业机器人虚拟仿真综合实训室、Arduino开发项目实训室等并投入使用，大幅提升中心工程实践教育的数字化、信息化、智能化水平。

为保障学生实验操作安全，该中心专门制定了一系列规章制度，例如，《福州大学机电工程实践中心实践教学督导暂行办法》《福州大学机电工程实践中心安全防火管理制度》《福州大学机电工程实践中心实践区安全管理制度》《福州大学机电工程实践中心实践教学安全规程》《机电工程实践中心安全事故应急预案》《机电工程实践中心安全管理办法》以及《机电工程实践中心环境保护督察制度》等。